손정의처럼 일하라

손정의처럼 일하라

미키 다케노부 지음 | 윤경희 옮김

StarRich
Books

옮긴이 **윤경희**

한국외국어대학교 일본어과를 졸업하고 현재 번역 에이전시에서 출판기획 및 일본어 전문
번역가로 활동하고 있다. 주요 역서로는 《나라 이름으로 여행하는 지구 한바퀴》, 《50대, 꼭 해
야 할 100가지》, 《뇌에 맡기는 공부법》, 《혼자 사는데 돈이라도 있어야지》, 《초등학생을 위한
요리 과학실험 365》, 《남편을 날씬하게 만드는 반찬》, 《일본식 집밥 레시피 100》 등이 있다.

손정의처럼 일하라

초판 인쇄 2019년 9월 16일
초판 발행 2019년 9월 20일

지은이 미키 다케노부
옮긴이 윤경희
펴낸이 이혜숙
펴낸곳 (주)스타리치북스

출판 감수 이은희
출판 책임 권대흥
출판 진행 황유리
편집 교정 추지영
홍보 마케팅 허성권

등록 2013년 6월 12일 제2013-000172호
주소 서울시 강남구 강남대로62길 3 한진빌딩 2~8층
전화 02-6969-8955

스타리치북스 페이스북 www.facebook.com/starrichbooks
스타리치북스 블로그 blog.naver.com/books_han
스타리치몰 www.starrichmall.co.kr
홈페이지 www.starrichbooks.co.kr
글로벌기업가정신협회 www.epsa.or.kr

값 16,000원
ISBN 979-11-85982-63-2 13320

손정의 사장에게 배우다

● **미션 임파서블 프로젝트 기술**

"우리 회사는 10월 12일 나스닥재팬(일본의 첨단 기술주 증권시장) 설립 총회를 열 예정입니다. 2천여 명의 벤처기업인들을 초청하고 방송사까지 동원해 매스컴의 대대적인 스포트라이트를 받을 것입니다. 회사의 역량을 총동원해 성대하게 치러봅시다!"

"우리 회사는 ADSL(전화선을 이용한 데이터 통신) 사업에 참여할 것입니다. 기자 간담회를 열어 6월 19일부터 전국 동시 예약을 받는다고 발표하십시오. 단번에 100만 유저를 확보해 우리의 저력을 보여줍시다!"

어느 날 갑자기 상사가 이런 지시를 내린다면 어떨까요? 게다가 그 상사가 유명한 소프트뱅크 손정의 사장이라면 어떻겠습니까?

이러한 업무 지시가 저에게는 가정이 아니었습니다. 25세에 소프트뱅크에 입사해 손정의 사장 직속으로 온갖 프로젝트 업무를 수행했습니다.

소프트뱅크 손정의 사장은 '발표 경영'을 통해 세간의 이목을 끄는 것으로 유명합니다. 신규 사업을 시작하거나 다른 회사와 제휴 및 매수를 진행할 때 매스컴에 대대적으로 발표하는 것입니다. 이런 방법은 새로운 상품과 서비스 인지도를 단번에 끌어올리는 데 아주 효과적입니다.

하지만 그것을 수행하는 사람에게는 고난의 시작입니다. 손정의 사장은 언제나 마감 기한을 짧게 잡기 때문에 초고속으로 진행해야 했습니다.

맞출 수 없을 정도로 마감 기한을 빠듯하게 정하고는 이 날짜까지 하겠다고 선언합니다. 하지만 회사의 사장이 공식적으로 발표한 이상 새로운 서비스 발표이든 합작회사 설립이든 그 날짜까지 완수할 수밖에 없습니다.

저는 소프트뱅크 사장실 실장으로 손정의 사장의 신규 프로젝트를 담당했습니다. 사장실 실장이라고 하면 지위가 높을 것이라고 생각할지 모르겠습니다. 간단히 말하면 손정의 사장의 갑작스러운 지시를 무엇이든 신속하게 처리하는 슈퍼맨 같은 자리입니다.

당시 소프트뱅크는 지금처럼 큰 회사가 아니어서 직원 수나 예산도 넉넉하지 않았습니다. 프로젝트 매니저이기는 했지만 담당자는 저 한 사람이었고 팀원들도 각자 맡은 업무가 있었습니다. 하지만 프로젝트를 완수하려면 직원들에게 부탁해 도움을 받는 것 말고 다른 방법이 없었습니다.

더구나 저에게는 공식적인 권한도 없었습니다. 프로젝트를 함께 했던 팀원들은 처음부터 해당 프로젝트 소속이 아닙니다. 원래 소속된 부서가 있고 인사권도 그 부서장에게 있습니다. 즉, 프로젝트 매니저라고 해서 마음대로 지시할 수 없다는 뜻입니다.

이런 상황에서 프로젝트 매니저를 처음 맡았을 때는 실패의 연속이었습니다. 불안과 스트레스로 잠을 설치는 날이 계속되었습니다.

하지만 나스닥재팬 창설, 일본채권신용은행(지금의 아오조라은행) 매수, 초고속 인터넷 사업인 '야후! BB'(Yahoo! BB) 설립 등 몇 가지 대형 프로젝트에서 손정의 사장의 저돌적인 업무 지시를 완수해 냈습니다. 그런 경험을 통해 초단기간에 초고속으로 목표를 이룰 수 있는 프로젝트 매니지먼트 업무 기술을 깨우칠 수 있었습니다.

● **모든 업무가 프로젝트인 시대**

'프로젝트 매니저한테 필요한 업무 기술이라면 나랑 상관없는 일이야. 프로젝트 팀원으로 일할 수는 있겠지만, 당장 프로젝트 매니저가 될 것도 아니잖아.' 이런 생각을 할 수도 있을 것입니다.

프로젝트 매니지먼트 업무 기술은 특별한 프로젝트를 수행할 때만 필요한 것이 아니라 대부분의 업무에 필요한 기술입니다.

이제는 거의 모든 업무가 프로젝트 방식으로 진행되고 있습니다. 상사가 지시한 자료를 만드는 것, 영업 활동을 하는 것, 웹사이트를 리뉴얼하는 것도 프로젝트 성격의 업무입니다. '프로젝트'라는 이름을 붙이지 않아도 우리는 늘 프로젝트를 하고 있습니다. 우리 모두 그런 시대에 살고 있습니다.

프로젝트라고 하면 시스템 개발이나 건설 등 특정 업계에서만 쓰는 용어라고 생각하겠지만 전혀 그렇지 않습니다. 각자의 업무를 가지고 있는 사람들이 팀을 이뤄 하나의 목표를 달성하기 위해 움직인다면 그것이 바로 프로젝트입니다.

프로젝트의 3가지 요소는 품질(어떤 결과물을 만들어낼 것인가), 기한

누구나 프로젝트 매니저가 되는 시대

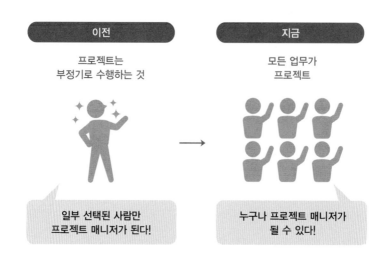

이전

프로젝트는
부정기로 수행하는 것

일부 선택된 사람만
프로젝트 매니저가 된다!

지금

모든 업무가
프로젝트

누구나 프로젝트 매니저가
될 수 있다!

(언제까지 해야 하는가), 비용(어느 정도의 예산과 인원을 투입할 것인가)입니다. 제한된 비용 안에서 역량을 최대한 발휘해 사장이 기대하는 품질과 기한을 맞추고 목표를 달성하는 것이 프로젝트 매니지먼트입니다.

팀원을 독려하며 업무를 이끌고 있는 매니저나 팀장들은 '지금 내가 하고 있는 업무와 별 다를 게 없네'라는 생각이 들 수도 있습니다. 반면 현장 실무를 하는 사람들은 자신들과 상관없는 일이라고 생각할 것입니다.

예전에는 경력이 짧은 직원들은 주로 상사나 선배의 업무를 보조하는 경우가 많았습니다. 그러나 지금은 어느 회사든 인력이 부족하므로 자신만의 업무를 온전히 해내는 인재를 원합니다. 요즘 젊은이들은 클라이언트와 회사 사이에서 관계를 조정하고 여러 안건을 진행하면서도 빠듯한 마감 기한을 지킬 정도로 스케줄 관리에도 능통해야 합니다.

● **프로젝트 기술이 삶을 좌우한다**

대기업 IT 계열 자회사에서 근무하는 20대 중반의 대학 후배가 찾아와 상담을 요청했습니다. 그는 클라이언트와 사내·사외의 시스템 엔지니어(SE) 사이에서 설명서와 견적서 작성을 담당하고 있었습니다.

입사한 지 몇 년 되지 않았지만 맡은 업무만 놓고 보면 그야말로 프로젝트 매니저입니다. 그런데 해야 할 일이 너무 많아 힘들다고 하소연을 하는 것입니다. 막대한 업무량을 처리하지 못하다 보니 매일 밤늦게까지 야근을 해야 했습니다. 그런데도 마감 기한을 맞추지 못해 상사와 클라이언트에게 좋지 못한 평가를 받고 있는 상황이었습니다.

그는 빡빡한 일정 때문에 심한 압박감으로 항상 긴장 상태에 있었습니다. 집까지 일거리를 가지고 가서 주말에도 일하는가 하면, 여가를 즐기기는커녕 퇴근 후 잠깐 친구를 만날 시간도 없다는 것입니다. 아주 가끔 선물처럼 주말에 쉴 여유가 생기더라도 월요일부터 다시 시작될 업무가 머릿속에서 떠나지 않아 몸은 침대에 누워 있지만 마음은 전혀 쉴 수 없었다고 합니다.

이렇게 되면 업무를 정상적으로 수행하기는커녕 개인 생활도 불행해질 수밖에 없습니다. 더구나 불행해지는 것은 본인 한 사람만이 아닙니다.

자신이 맡은 일이 늦어지면 함께 일하는 동료와 협력 회사의 담당자도 피해를 입게 됩니다. 주변 사람까지 야근과 휴일 출근을 해야 하는 상황이 자주 반복되면 점차 신뢰를 잃을 것이고, 결국 아무도 협력하지 않게 됩니다. 그런 상황이 계속된다면 그는 점점 더 궁지에 빠지고 말 것입니다.

그는 어떻게 해야 할지 모르겠다는 표정을 짓고 있었습니다. 그렇다고 갑자기 회사를 그만둔다면 그의 경력에 부정적으로 작용할 수밖에 없습니다.

프로젝트 매니지먼트 능력이 있는 사람(O), 없는 사람(X)

프로젝트 매니지먼트 능력이 없는 사람

매일 야근이 이어져 심신이 피로

업무 상대에게 폐를 끼치고 가족에게도 미안하다

업무와 개인 생활 모두 엉망이다

프로젝트 매니지먼트 능력이 있는 사람

야근이 적어 개인 생활도 충실

AI 시대라지만 아무 문제 없다

하고 싶은 것을 하나씩 실현할 수 있다

이 후배와 비슷한 상황에 처한 사람들이 많을 것입니다. 회사 일도 제대로 해내지 못하고 개인 생활도 온전히 누리지 못하며 나날이 피폐해지는 상황에서 벗어나려면 신입사원이든 중간 관리직이든 모두 프로젝트 매니지먼트 업무 기술을 익혀야 합니다.

프로젝트 매니지먼트 업무 기술을 가르쳐주는 회사는 없습니다. 효율적인 업무를 위한 지침서는 있지만 여러 사람들이 참여해, 제한된 예산으로, 각 과제마다 마감 시한을 지키면서 초고속으로 임무를 완수하는 프로젝트 매니지먼트 업무 기술에 특화된 책도 없습니다.

이 책은 프로젝트 매니지먼트의 기본부터 현장에서 실천하는 방법까지 알기 쉽게 설명합니다. 이런 순서로 이렇게 움직인다는 구체적인 행동까지 담았으니 곧바로 실행할 수 있습니다.

제1장은 프로젝트 매니지먼트 업무 기술이 모든 사람들에게 필요한 이유를 설명합니다. 또한 앞으로 다가올 AI 시대에 프로젝트 매니지먼트 능력을 왜 반드시 갖춰야 하는지 살펴보겠습니다.

제2장은 프로젝트 '착수' 단계에서 해야 할 것들이 무엇인지 설명합니다. 프로젝트를 진행하다가 원점으로 되돌려 재작업하는 일이 발생하지 않도록 미리 예방하는 중요한 단계입니다.

제3장은 프로젝트 '계획' 단계에 대해 설명합니다. 초단기에 초고속으로 목표를 달성하려면 과제를 구분하고 스케줄을 세울 줄 알아야 합니다.

제4장은 프로젝트 '실행' 단계로 업무를 원만하게 진행하기 위한 방법을 소개합니다. 진행 관리법을 알고 회의를 효과적으로 활용하면 프로젝트 마감 기한을 여유롭게 지킬 수 있습니다.

제5장은 실제 현장에서 프로젝트 매니저가 맞닥뜨릴 수 있는 문

제 상황에 관해 알려줍니다. 어떤 상황에서도 문제를 해결할 방법은 반드시 있게 마련입니다.

제6장은 프로젝트 매니지먼트 업무 기술의 종합편과 같습니다. 손정의 사장이 어떻게 신규 사업을 시작했고, 어떻게 성공했는지를 실제 사례와 함께 설명합니다.

● 인공지능이 대체할 수 없는 업무 기술

현재 비즈니스 현장에서 프로젝트 매니지먼트 업무 기술을 갖춘 사람은 너무나 적습니다. 바꿔 말하면 이때가 바로 기회입니다. 하루라도 빨리 프로젝트 업무 기술을 익혀야 다가올 미래에 필요한 인재가 될 수 있습니다.

소프트뱅크를 나와 독립한 지 얼마 되지 않았을 때 프로젝트 매니지먼트를 의뢰하고 싶다거나 프로젝트 매니지먼트에 관한 노하우를 교육해 달라는 요청을 많이 받았습니다. 아직 소프트뱅크의 지명도는 물론 세계적인 평가도 낮던 때였습니다. 그런데도 이런 요청이 쇄도했다는 것은 그만큼 프로젝트 매니지먼트 능력과 경험을 가진 인재가 적다는 뜻입니다.

지금도 그런 상황은 바뀌지 않았습니다. 사람들은 미래의 업무 대부분이 인공지능(AI)으로 대체될 것이라고 예측합니다. 그러나 프로젝트 매니지먼트는 오직 인간만이 할 수 있습니다. 다가올 AI 시대를 돌파하기 위해서라도 프로젝트 매니지먼트 능력과 경험은 강력한 무기가 될 것입니다.

또한 실현하고자 하는 꿈과 목표를 결코 혼자 해낼 수 없습니다. 프로젝트 매니지먼트 기술을 익히면 다른 사람들의 협력을 이끌어내 보다 빠르고 완벽하게 이룰 수 있습니다. 여러 사람이 팀을 이뤄 각자의 개성과 강점을 발휘하면서 목표를 향해 나아가는 것이야말로 목표 실현 속도를 몇 배 또는 몇십 배 빠르게 앞당기는 방법입니다.

●   **야근 제로를 실현하는 기술**

프로젝트 매니지먼트 능력을 갖춘 사람은 적지만, 사실상 특별한 능력이 아닙니다. 단지 배울 기회가 없었을 뿐입니다. 누구나 배울 수 있고, 지금이 바로 배워야 할 시기입니다.

2015년 저는 1년 만에 영어 비즈니스 협상을 가능하게 하는 영어 학습 프로그램 사업인 토라이즈(TORAIZ)를 아무것도 없이 맨바닥부터 시작해 3년 만에 크게 성장시켰습니다. 도쿄와 가나가와, 오사카에 학습 센터를 총 9개 열었고, 수강생도 1500여 명에 이릅니다.

이 책에서 소개하는 내용을 저희 학습 센터에서 일하는 선생님들에게 실제로 적용해 본 결과 회사의 실적은 높아졌고 직원의 야근은 거의 제로(정확히 월평균 약 4시간)가 되었습니다.

저에게 상담하러 왔던 후배도 제가 가르쳐준 프로젝트 매니지먼트 업무 기술을 익히고는 얼마 되지 않아 야근 지옥에서 벗어났을 뿐 아니라 고속 승진까지 했습니다. 야근과 휴일 출근이 사라지자 취미를 즐기고 친구를 만나는 등 개인 생활을 온전히 즐길 수 있다고 합니다. 그렇게 말하는 후배의 표정은 상담하러 왔을 때와 완전히 달랐습니다. 어찌할 줄 몰라 참담한 표정만 짓고 있던 그가 언제 그랬냐는 듯이 밝게 웃고 있었습니다.

실제 사례로 경험했듯이 프로젝트 매니지먼트 업무 기술을 익히면 회사 업무를 수월하게 처리할 수 있는 것은 물론 여유롭고 충만한 개인 생활을 보낼 수 있습니다.

많은 사람들이 이 책에서 소개하는 프로젝트 매니지먼트 업무 기술을 익혀서 자신은 물론 주변 사람들까지 행복해지길 바랍니다.

CONTENTS

프롤로그

손정의 사장에게 배우다

미션 임파서블 프로젝트 기술 · 5

모든 업무가 프로젝트인 시대 · 7

프로젝트 기술이 삶을 좌우한다 · 9

지금 당장 써먹을 수 있는 핵심 기술 · 12

인공지능이 대체할 수 없는 업무 기술 · 13

야근 제로를 실현하는 기술 · 14

제1장

완벽한 인재가 되기 위한 필수 조건

일상 업무가 사라지고, 프로젝트 업무가 늘어난다 · 25

비즈니스 트렌드 4가지 · 27

AI나 RPA가 대체할 수 없는 프로젝트 · 29

극강의 커뮤니케이션 조정자 · 32

결국은 사람을 움직이는 기술 · 35

체계적인 프로젝트 매니지먼트 기술 · 36

야근 지옥에서 벗어나는 법 · 38

실패를 반복하지 않는 법 · 40

인재시장이 원하는 프로젝트 매니저 · 41

AI가 프로젝트 매니저를 할 수 있을까? · 44

팀원의 시간을 빼앗지 않는다 · 45

조직을 바꾸는 힘 · 49

프로젝트 매니저는 시간 컨트롤러 · 50

전기를 꺼도 할 일은 없어지지 않는다 · 51

중간관리자가 일하기 좋은 기업 · 52

제2장

시작 단계에서 90퍼센트가 결정된다

일상 업무와 프로젝트 업무의 차이 · 57

프로젝트 시작부터 종료까지 4단계 · 59

착수❶ 프로젝트 매니저를 정한다 · 59

착수❷ 최종결정권자를 명확히 하고 인터뷰한다 · 64

착수❸ 초고속으로 최소한의 지식을 익힌다 · 70

착수❹ 프로젝트 이해관계자를 빠짐없이 파악한다 · 76

착수❺ 프로젝트 차터를 기록한다 · 79

착수❻ 최종결정권자에게 차터를 제출하고 승인을 얻는다 · 82

착수❼ 프로젝트 관계자 전원을 소집해 첫 회의를 연다 · 86

제3장

초단기 초고속 목표 달성을 위한 노하우

계획❶ 과제를 모두 기록하고 WBS를 만든다 · 93

계획❷ 결과물은 반드시 명사로 정의한다 · 99

계획❸ 개별 과제의 담당자와 기한을 명시한다 · 101

계획❹ 과제 간의 불필요한 의존 관계를 끊는다 · 103

계획❺ 프로젝트 전체의 스케줄을 짠다 · 108

계획❻ 각 과제의 마감 기한을 정한다 · 113

계획❼ 주 1회 정례회의를 가진다 · 116

제4장

무조건 성공하는 7가지 실행 비법

실행❶ 주 1회 관계자 전원이 정례회의를 가진다 · 121

실행❷ 팀원의 결과물을 반드시 확인한다 · 124

실행❸ 과제 지연을 미리 방지한다 · 126

실행❹ 다음 주의 결과물을 미리 확인한다 · 130

실행❺ 지체 없이 문제를 해결하기 위한 회의 진행 노하우 · 131

실행❻ 다양한 IT 프로그램을 적극적으로 활용한다 · 138

실행❼ 최종 성과물을 최종결정권자에게 전달하고 프로젝트를 평가한다 · 141

제5장

예상치 못한 문제를 해결하는 생생한 노하우

Q1 최종결정권자의 한마디에 어떻게 대처하면 좋을까요? · 147

Q2 인력이 부족한데도 추가 지원을 하지 않으려고 합니다 · 150

Q3 사장에게 차터를 제출했지만 승인하지 않습니다 · 153

Q4 성공 확률이 낮은 프로젝트를 하라고 지시합니다 · 155

Q5 실질적인 최종결정권자를 직접 만날 수가 없는 상황입니다 · 157

Q6 최종결정권자가 여러 명일 경우 어떻게 대응해야 할까요? · 159

Q7 프로젝트 팀원을 선정할 때 주의해야 할 점은 무엇일까요? · 160

Q8 외부 팀원과 소통이 잘되지 않을 경우 어떻게 하면 좋을까요? · 164

Q9 나이 많은 팀원이 있는 경우 유의해야 할 점은 무엇인가요? • 166

Q10 바쁜 팀원들에게 업무를 할당할 때 어떻게 해야 할까요? • 167

Q11 관계 부서의 협력을 얻으려면 어떻게 해야 할까요? • 171

Q12 능력과 업무 동기가 낮은 팀원이 있습니다 • 173

Q13 세세한 진행 관리를 부담스러워하는 팀원이 있습니다 • 175

Q14 업무 동기가 떨어지는 팀원은 어떻게 해야 할까요? • 176

Q15 팀원의 상태를 빨리 알아차리려면 어떻게 해야 할까요? • 177

Q16 팀원 사이에 불협화음이 났을 때는 어떻게 해야 할까요? • 178

Q17 갑자기 기한이 앞당겨졌다면 무엇을 가장 먼저 해야 할까요? • 181

Q18 재작업 상황이 발생할 경우 어떻게 해야 할까요? • 183

Q19 최종결정권자의 교체 또는 팀원 이탈 시에는 어떻게 해야 할까요? • 184

Q20 부하직원을 프로젝트에 파견하는 상사가 알아둬야 할 것은 무엇인가요? • 186

제6장

리스크를 최소화하고 이익을 최대화하는 손정의 성공 비결

소프트뱅크와 다른 기업의 결정적 차이 • 191

전손 리스크는 절대 취하지 말 것! • 193

사업도 분산투자가 중요하다 • 195

일부러 결단을 늦춰야 할 때도 있다 • 197

대승부에도 확실한 리스크 컨트롤이 있다 • 198

손절매도 재빨리 한다 • 200

고정비를 들이지 말고 시작하라 • 202

비용을 극적으로 낮추는 4가지 방법 • 203

사업 자금은 투자를 받아라 · 206

여름에 모피를 파는 상점의 리스크 관리 · 209

사업 아이디어를 스스로 생각할 필요 없다 · 210

반드시 위로 올라가는 에스컬레이터에 탄다 · 212

누가 이기고 지든 상관없이 자신은 이득인 비즈니스 · 214

룰렛의 모든 숫자에 베팅한다 · 216

미래는 예측할 수 없다는 전제로 판단한다 · 218

투자는 하지만 경영은 맡긴다 · 219

'페인 레벨 0'을 가장 먼저 의식할 것 · 220

딱 한 명의 고객을 만들고 시작한다 · 221

대기업을 상대로 하는 비즈니스는 주의한다 · 225

고객 획득 비용을 고려한다 · 227

라면도 정기 서비스를 하는 시대 · 229

딱 한 번뿐인 비즈니스는 하지 않는다 · 230

궁극적으로는 '바다'가 되어야 한다 · 231

에필로그

미래를 이끌어 나가는 기술

퍼스트 펭귄이 되어라 · 233

리스크를 최소화하는 법 · 235

작은 것부터 도전한다 · 236

볏짚으로 부자가 되는 법 · 238

예상치 못한 블루오션 · 239

제1장

완벽한 인재가 되기 위한
필수 조건

제가 소프트뱅크에 다닐 때는 모든 업무가 프로젝트로 진행되었습니다. 앞으로는 거의 모든 기업이 모든 업무를 프로젝트로 진행할 것입니다. 비즈니스 환경이 크게 변화했기 때문입니다. 이제는 특별한 프로젝트와 관련된 사람들 뿐 아니라 누구나 프로젝트 매니지먼트 능력을 갖춰야 살아남을 수 있습니다. 그렇다면 왜 프로젝트 업무가 늘어나고, 왜 모든 사람들이 프로젝트 능력을 필수적으로 갖춰야 할까요?

현재 기업 현장에서 많은 문제가 발생하는 데는 그만한 이유가 있습니다. 프로젝트 업무가 늘어나고 있는데도 프로젝트 매니지먼트 능력을 가진 사람이 압도적으로 적기 때문입니다. 임박한 마감 기한에 맞춰 결과물을 내놓기 위해 연일 야근을 하는 죽음의 레이스가 끊임없이 일어나고 있습니다.

이런 비생산적인 근무 방식을 없애기 위해 프로젝트 매니저가 얼마나 중요하고, 또 어떤 역할을 해야 하는지 알아보겠습니다.

● 일상 업무가 사라지고, 프로젝트 업무가 늘어난다

맨 먼저 여러분의 스케줄 기록을 살펴보세요. 오늘 하루, 또는 이번 주에 했던 업무를 한번 훑어보길 바랍니다. 그중 프로젝트 성격의 업무는 얼마나 될까요?

'프로젝트 업무는 없는데?' 이런 생각이 들 수도 있을 것입니다. 하지만 지금 프로젝트 업무를 말하는 것이 아닙니다.

이 책에서 말하는 프로젝트 성격의 업무는 다음과 같습니다.

1. 명확하게 정해진 기한 또는 마감일이 있거나 일정 기간 내에 수행해야 하는 업무

2. (매일 그리고 지속적으로 함께 일하지 않는) 다른 부서 사람 또는 외부 사람들과 공동으로 진행해야 하는 업무

3. 지금까지 해본 적 없는 새로운 업무로, 목표는 정해져 있지만 그것을 실현할 구체적인 수단과 절차가 명확하지 않은 업무

이런 일들은 일상 업무에도 많을 것입니다. 그렇다면 프로젝트 성격의 업무가 아닌, 일상 업무는 어떤 것일까요?

1. 매일 반복되는 것으로 목표가 뚜렷하지 않고 명확한 기한도 정해져 있지 않은 업무
2. 자신이 속한 부서의 상사 또는 동료들과 함께 하는 업무
3. 지금까지 여러 차례 해본 적이 있고, 수단과 절차가 명확하게 정립된 업무

10년 전까지만 해도 대부분의 사무직은 프로젝트 업무가 아닌 정해진 일상 업무만을 수행했습니다. 지금은 업계나 직종을 불문하고 점차 일상 업무가 줄어드는 대신 프로젝트 업무가 급증하고 있습니다. 요즘은 대부분 프로젝트 업무로 바뀌는 추세이며, 머지않아 일상 업무는 사라질 것입니다. 일상 업무의 내용이 지금까지 해왔던 것과는 확연히 다르게 변하고 있기 때문입니다.

그렇다면 프로젝트 업무는 왜 늘어나는 것일까요? 우선 디지털화, 글로벌화, 고객 차별화 서비스, 고속화를 바탕으로 비즈니스 환경이 급변했기 때문입니다.

현재 대부분의 업무는 디지털화되어 있습니다. 겉으로는 아날로그처럼 보여도 바탕에는 반드시 디지털 기술이 깔려 있습니다. IT와 관련 없는 비즈니스를 찾기 어려운 시대입니다.

예를 들어 매장에서 사용하는 신청서 양식을 변경한다고 가정해 봅시다. 모든 양식이 디지털화 및 전산화되어 있기 때문에 신청서의 레이아웃이나 항목을 변경하려면 데이터 시스템에서 처리해야 합니다. 따라서 사내 정보 시스템 부서나 정보처리를 아웃소싱하는 외부 IT 기업 또는 IT 전문가와 협업해야 합니다.

지금은 무슨 일을 하든 IT를 벗어날 수 없습니다. 모든 일상 업무에 IT가 활용되기 때문입니다.

현재 기업 환경은 글로벌화가 급속도로 진전되고 있습니다. 저출산 및 고령화가 초고속으로 진행되고 있는 상황에서 국내 시장만으로는 그 어떤 비즈니스도 크게 성장하기 어렵습니다. 대기업부터 중소기업, 영세기업, 갓 창업한 벤처기업까지 전 세계 시장으로 진출하고 있는 실정입니다. 따라서 현지의 파트너 기업 또는 해외 비즈니스 환경을 잘 아는 컨설턴트와 함께 일할 기회가 늘어나고 있습니다.

또한 디지털화와 글로벌화가 진행될수록 회계나 법무, 세무 전문가와 제휴할 수밖에 없습니다. IT와 관련해서는 개인정보보호와 정보 게시 관련 문제를 해결하고, 다른 나라의 기업들과 계약을 체결할 때 반드시 확인해야 할 사항이나 각국의 세금제도에 대응하기 위해서는 전문가의 도움을 받아야 합니다.

고객 차별화 서비스도 빼놓을 수 없는 트렌드입니다. 예를 들어 과거의 영업사원은 "고객님, 무엇을 찾으십니까?" 하며 제품과 서비스 자체를 팔기만 하면 됐습니다. 그러나 오늘날 단순히 제품과 서비스를 파는 것만으로는 경쟁에서 살아남을 수 없습니다.

지금은 고객의 니즈를 미리 파악하고 해결해 주어야 합니다. 경쟁 우위에 서기 위해서는 자사의 제품과 서비스를 혼합해서 제시하거나 고객 한 사람에게 맞는 제안을 해야 합니다.

고객 차별화 서비스는 업무 특성상 프로젝트를 수행하는 과정과 동일합니다. 더욱 차별화된 고객 서비스를 제공하려면 다른 부서와 긴밀한 협력이 필요하기 때문입니다. 고객이 원하는 납기일과 품질을 주어진 예산 안에서 완수할 수 있도록 각 부서와 조정하고 협의해야 합니다.

고속화는 글로벌 시대에 모든 기업들이 해결해야 할 과제입니다. 기업이 새로운 상품과 서비스를 개발하기까지 적지 않은 시간이 걸립니다. 계획을 세우는 일부터 데이터를 모아서 검토하고 몇 단계의 결재를 거쳐야 비로소 본격적으로 진행할 수 있습니다. 하지만 급변하는 비즈니스 환경에서는 새로운 제품이나 서비스를 개발하는 사이 어느새 해외에서 새로운 제품이 들어와 눈 깜짝할 사이에 우리 시장을 독점합니다.

해외 경쟁 기업의 비즈니스 속도는 따라잡기 힘들 만큼 빠릅니다. 드론을 활용한 사업이 차세대의 새로운 비즈니스로 주목받고 있는 단계에서 이미 세계 상업용 드론 시장의 70퍼센트를 중국의 DJI(디쟝)이라는 기업이 장악했습니다. 심지어 미국의 드론 기업조차 중국에 밀려난 상황입니다.

국내 또는 해외에서 시장을 선점하려면 외국 기업의 속도를 필사적으로 따라잡아야 합니다. 좀 더 빨리 트렌드를 앞서가기 위해서는 무엇보다 프로젝트 업무에 강해야 합니다. 사내에 새로운 부서를 만들고 규모를 키워 사업화하기보다는 필요한 기술과 노하우를 가진 인재를 관련 부서에서 횡적으로 모으고, 외부 기업 또는 외부 전문가들을 영입해서 빠르게 움직여야 합니다. 이렇게 하면 단기간에 프로젝트형 스타트업을 시작할 수 있고 효과도 아주 큽니다.

4가지 비즈니스 트렌드, 즉 디지털화, 글로벌화, 고객 차별화 서비스, 고속화는 일상 업무를 프로젝트 업무로 바꾸는 강력한 촉매제입니다.

●   **AI나 RPA가 대체할 수 없는 프로젝트**

프로젝트 성격의 업무가 점점 더 늘어날 수밖에 없는 가장 큰 요인은 바로 AI와 RPA입니다.

AI(Artificial Intelligence, 인공지능)는 인간의 지능처럼 사고하고 학습하고 판단하는 컴퓨터 프로그램을 말합니다. RPA(Robotic Process Automation)는 사무직이 주로 맡았던 재무, 회계, 구매, 고객관리 등에서 데이터를 수집하고 입력하여 자동으로 처리하는 기술을 말합니다.

AI와 RPA는 업무의 효율화와 노동력 부족을 해소하기 위한 목적으로 많은 기업에서 적극적으로 도입하고 있습니다. 특히 사람 대신 단순 반복 업무를 대량으로 빠르게 처리하는 기술인 RPA는 AI보다 진입 비용이 낮아서 급속도로 보급되고 있습니다.

RPA는 인간이 미리 설정한 규칙에 따라 작업을 실행합니다. 예를 들어 대중교통비도 IC카드를 단말기에 갖다 대기만 하면 RPA가 IC카드의 데이터를 읽어 자동으로 지불 처리를 합니다. 직원이 일일이 손으로 입력해야 하는 사무 작업도 앞으로는 모두 RPA가 대신할 것입니다.

변화는 이미 시작됐습니다. 오늘 당장 여러분의 회사에서 단순 반복 업무가 사라진다 해도 결코 이상하지 않습니다. 이러한 일들은 점점 기계가 대신할 것입니다. 해당 일자리가 사라진다는 뜻입니다. 2018년 거대 은행들이 연이어 대규모 인원 삭감 계획을 발표해 주목을 끈 일이 있습니다. 사람이 수행하던 모든 업무를 자동처리하는 기술을 도입했기 때문입니다.

창구에서 처리하는 업무는 이미 대부분 기계가 대신하고 있기 때문에 직원이 필요하지 않습니다. 제로 금리의 영향으로 은행의 경영

프로젝트 업무가 늘어나는 이유

프로젝트 업무란 무엇인가?

- 기한 있음 (⟷ 계속 반복)
- 여러 부서가 관여 (⟷ 담당 부서에서 완결)
- 독자적인 제품·서비스 창출 (⟷ 같은 제품·서비스 재생산)

늘어나는 이유 = 비즈니스 환경의 변화

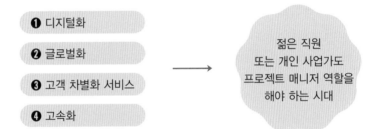

❶ 디지털화

❷ 글로벌화

❸ 고객 차별화 서비스

❹ 고속화

젊은 직원
또는 개인 사업가도
프로젝트 매니저 역할을
해야 하는 시대

AI와 RPA의 보급으로 더욱 증가

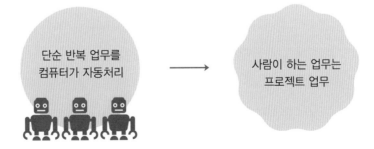

단순 반복 업무를
컴퓨터가 자동처리

사람이 하는 업무는
프로젝트 업무

환경이 어려워졌고, 대대적인 구조조정을 통해 비용 삭감과 업무 효율화를 이뤄내지 않으면 살아남을 수 없는 시대가 되었습니다.

이렇게 AI와 RPA가 전면적으로 도입된다면 사람들은 어떤 일을 하게 될까요? 사람들이 할 수 있는 일은 오직 프로젝트 업무뿐입니다.

일정한 형식에 따라 반복적으로 하는 작업은 기계로 대체될 것입니다. 기계가 대신할 수 없는 일은 여러 사람이 관여해서 수행하는 업무입니다. 즉, 프로젝트 성격의 업무야말로 인공지능이 결코 넘볼 수 없는 영역입니다.

바꿔 말하면 미래에는 프로젝트 업무가 불가능한 사람은 기계에게 일을 빼앗길 수밖에 없다는 것입니다. AI 시대에 살아남기 위해서는 프로젝트 업무에 능한 사람이 되어야 합니다.

●   **극강의 커뮤니케이션 조정자**

모든 비즈니스맨은 프로젝트 매니지먼트 기술을 배우지 않으면 발전된 기술이 지배하는 미래를 돌파할 수 없습니다. 언제나 자신이 프로젝트 매니저가 되어 업무를 해나가야 합니다.

이것은 프로젝트에 관련된 사람에게만 해당하는 것이 아닙니다. 영업과 같이 독립적인 직종이나 반복 업무가 많은 지원 부서도 예외는 아닙니다. 일상 업무라도 프로젝트로 받아들이고 스스로 매니지먼트를 해야 합니다. 앞으로 다가올 시대는 우리에게 프로젝트 매니지먼트 기술을 반드시 요구할 것입니다.

지금까지 프로젝트 업무를 해보지 못한 사람은 "아니, 프로젝트 매니저가 대체 뭔데 저러는 거야?"라고 말할지 모릅니다.

프로젝트 매니저는 한마디로 횡적 커뮤니케이션 조정자입니다.

10여 년 전까지 일본의 회사는 종적 커뮤니케이션이 활발했습니다. 사내 자원만으로 완결되는 업무가 많았기 때문에 피라미드 지위 구조에 따라 의사 결정이 이루어졌습니다.

하지만 프로젝트 업무가 늘어난 지금은 상하 관계는 물론 타 부서, 외부인, 다른 기업까지 아울러서 횡적 커뮤니케이션이 가능한 인재가 필요한 시대입니다. 그런데 프로젝트 매니저에게는 인사권이 없기 때문에 횡적 커뮤니케이션을 하기가 결코 쉽지 않습니다.

각 부서장이 적합한 사람을 프로젝트 팀원으로 보내고 그 팀원을 평가합니다. '프로젝트 매니저에게는 인사권이 없으니 미운 털이 박혀도 상관없어. 직속 상사의 눈 밖에 나지만 않으면 돼'라고 생각하는 사람들도 있을 것입니다. 팀원이 외부 사람이거나 다른 기업이라면 갑자기 "저 프로젝트 매니저와 함께 일할 수 없습니다. 이 프로젝트에서 하차하겠습니다"라고 통보할 수도 있습니다.

상하 관계에서는 인사권을 가진 상사가 압도적으로 강한 위치에 있기 때문에 매니지먼트 능력이 조금 떨어지더라도 부하직원이 상사의 지시를 따라야 합니다. 하지만 인사권과 재량권이 없는 프로젝트 매니저는 그렇게 할 수 없습니다. 이런 점에서 프로젝트 매니저

프로젝트 매니저의 역할과 어려움

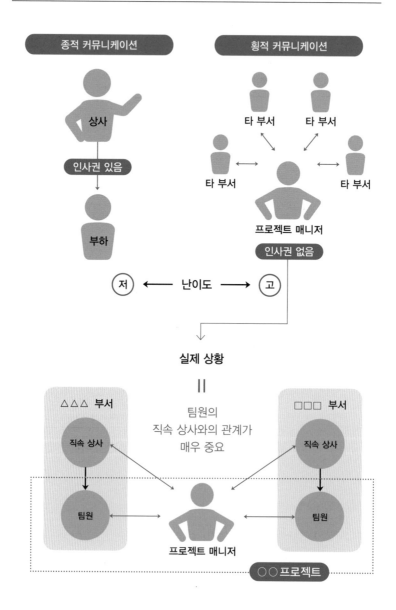

종적 커뮤니케이션

횡적 커뮤니케이션

상사

인사권 있음

부하

타 부서

타 부서

타 부서

프로젝트 매니저

타 부서

인사권 없음

저 ← 난이도 → 고

실제 상황

||

팀원의
직속 상사와의 관계가
매우 중요

△△△ 부서

직속 상사

팀원

□□□ 부서

직속 상사

팀원

프로젝트 매니저

○○ 프로젝트

는 오직 횡적 커뮤니케이션만으로 팀원들이 과제를 수행하도록 해야 합니다.

결국은 사람을 움직이는 기술

소프트뱅크에서 프로젝트를 진행할 때도 이런 어려움을 겪었습니다. 당시 사장실 실장이라는 직위로 프로젝트 매니저를 했지만 인사권이 전혀 없었습니다. 사장의 권한을 등에 업고 "사장님이 특별히 지시한 프로젝트이니 모두 따르시오"라고 했다면 그야말로 주위의 반감만 살 뿐 아무도 협력하지 않았을 것입니다.

사내 직원들은 불평하면서도 마지못해 따랐을지 모릅니다. 하지만 사외 인사 또는 사외 조직이 관여하는 프로젝트라면 제아무리 사장의 이름을 내세운들 어떤 강제력도 생기지 않습니다.

특히 당시의 소프트뱅크는 지금과는 비교할 수 없을 만큼 사회적 지명도가 낮았기 때문에 손정의 사장의 프로젝트라 하더라도 움직일 리 없었습니다. 아무리 유명한 CEO라도 상대에게는 그저 외부 사람일 뿐입니다. 상대에게 중요한 것은 자기 회사 CEO의 의지이기 때문입니다.

또한 횡적 커뮤니케이션에는 언어와 문화의 차이가 존재하게 마련입니다. 같은 용어라도 소속된 조직에 따라 다르게 쓰입니다. 같은 회사 같은 부서의 상사와 부하직원이라면 간단히 말해도 알아듣겠지만 외부인에게는 이해시키기도 쉽지 않고 오해가 생기기도 합니다.

같은 조직의 사람들이라면 이해할 수 있는 것도 외부 사람 입장에서는 도무지 받아들이기 힘든 일일 수도 있습니다. 그렇게 되면 결국 소모적인 대립으로 확대되는 경우도 적지 않습니다.

이처럼 수평적인 관계에서 이루어지는 횡적 커뮤니케이션은 상하 관계에서 이루어지는 종적 커뮤니케이션보다 훨씬 어렵습니다.

● **체계적인 프로젝트 매니지먼트 기술**

프로젝트 매니저에게는 인사권이 없기 때문에 그만큼 뛰어난 커뮤니케이션 기술이 필요합니다. 그런 상황에서 프로젝트 매니저는 제한된 예산과 인력을 활용해 정해진 기일까지 기대하는 성과물을 만들어내야 합니다.

그런데 일본의 많은 기업들은 프로젝트 매니저의 역할을 중요하게 생각하지 않습니다. 신입사원 연수는 물론 관리직 연수에서도 프로젝트 매니지먼트 교육을 실시하는 기업은 극소수입니다.

"일본에도 프로젝트 매니저를 키우기 위해 PMBOK(Project Management Body of Knowledge, 프로젝트 관리 지식 체계)를 교육하는 기업이 있습니다"라고 반론을 제기하는 사람들도 있을 것입니다.

PMBOK는 프로젝트 매니지먼트에 관한 지식과 방법론을 체계화한 것입니다. 미국의 비영리단체가 만든 PMBOK는 오늘날 프로젝트 매니지먼트의 국제표준으로 세계 각국에서 널리 쓰이고 있습니다. PMBOK 가이드에 기초해서 실시되는 PMP(프로젝트 매니지먼트 전문가) 자격시험도 있습니다.

저도 물론 PMBOK를 배웠고, 프로젝트 매니저로 일할 때 아주 큰 도움이 됐습니다. 프로젝트 매니지먼트 전문가를 희망하는 사람이라면 PMBOK에 도전할 가치가 충분히 있다고 생각합니다.

그러나 지극히 평범한 회사원이 배우기에는 PMBOK가 너무 방대하다는 단점이 있습니다. 프로젝트에 관한 지식 전체를 세세하게 체계화했기 때문에 대형 프로젝트를 전문적으로 하는 매니저에게는 유익할 것입니다. 그러나 이 책에서 말하는 '프로젝트 성격의 업무'를 하는 사람에게는 오히려 본업마저 소홀히 할 우려가 큽니다.

PMBOK의 좋고 나쁨을 논하는 것이 아닙니다. 단지 확고하게 정립된 프로젝트 매니지먼트 방법론이라 하더라도 일반 회사원이 자신이 속한 기업이나 업무 환경에서 실행하기가 녹록지 않다는 것입니다.

일상 업무조차 프로젝트처럼 진행해야 하는 경우가 많은데도 프로젝트 매니지먼트를 익힌 사람이 드물기 때문에 일본 기업은 고전을 면치 못하고 있습니다. 프로젝트 매니저조차 명확하게 정하지 않은 채 프로젝트를 시작한 결과 비슷한 실패가 반복되고 있습니다.

[프로젝트 실패 사례]를 보면 왜 실패하는지 좀 더 쉽게 이해할 수 있습니다. 그래프의 가로축이 '시간 경과'이고, 세로축이 '활동 레벨'입니다. 대부분 팀원들의 역할 분담을 명확하게 정하지 않고 일단 할 수 있는 것부터 하자는 식으로 프로젝트를 시작합니다.

프로젝트 실패 사례

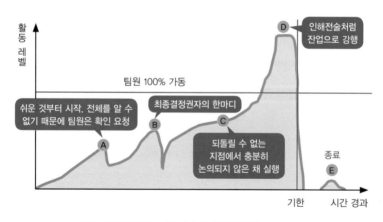

출처 : 마리온·E·헤인즈 지음, 나카지마 히데타카 옮김, 《PM 프로젝트 매니지먼트 입문》,
니혼노리츠쿄카이 매니지먼트센터(저자가 일부 가공 및 추가)

그렇게 일하면 당분간은 활동 레벨이 올라갑니다. 하지만 A지점까지 가면 누군가 "이 상태로 계속해도 괜찮을까?", "지난번 프로젝트에서는 이런 거 안 했는데……"라고 말합니다. 그러면 곧 다른 팀원도 불안해하며 "그러네. 진행 방법을 조정합시다"라고 말합니다. 이렇게 재검토를 시작하면 일단 활동 레벨이 정체합니다.

업무 진행 방법에 대한 합의가 끝나서야 다시 일을 시작합니다. 그런데 B지점에 도달하면 이번에는 회사의 상부나 클라이언트가 "내가 생각하는 방향과 다릅니다. 다시 하세요"라는 새로운 주문을 합니다.

이른바 '절대자의 한마디'에 활동 레벨이 '0' 가까이 떨어집니다. 그야말로 출발 지점과 비슷한 수준으로 되돌아갑니다. 마감 기한은 점점 다가오는데 처음부터 다시 작업을 해야 하는 것입니다.

그러다 '복귀 불능 지점(Point of No Return)', 다시 말해 최종 마감 시한부터 역산했을 때 더 이상 궤도 수정이나 후퇴를 할 수 없는 C지점에 이릅니다. 그다음부터 마감 시한에 맞추려면 철야 작업을 해야 합니다. 시간은 촉박한데 새로 시작해야 하는 작업은 산더미처럼 쌓여 있습니다. 이럴 때는 프로젝트와 관련 없는 사람들까지 동원해 인해전술을 불사해야 합니다.

이때의 활동 레벨(D지점)은 원래 해야 할 최고치를 훨씬 넘어섭니다. 속칭 '죽음의 레이스' 구간을 빠져나가기 위해 팀원들은 사력을 다합니다. 이렇게 해서 겨우 기한에 맞춰 납품하면 활동 레벨은 단번에 '0'으로 떨어집니다.

그로부터 조금 뒤 아주 미미하게 활동 레벨이 오르는 E지점이 있는데, 바로 '회식'입니다. 팀원들은 서로의 노고를 치하하고 위로하며 프로젝트 종료를 알립니다.

이것이 보통 기업에서 볼 수 있는 전형적인 프로젝트 실패 패턴입니다. 이와 같은 경험을 한 사람들이 많을 것입니다.

● **실패를 반복하지 않는 법**

문제는 애초에 이루고자 했던 목표를 달성하지 못한 채 프로젝트가 끝난다는 것입니다. '복귀 불능 지점'이 지나면 '기한을 지키기 위해서라면 무슨 짓이든 한다'는 식으로 일하게 됩니다. 시간에 쫓기다 보면 오직 기한을 지키는 것만이 목적이 됩니다. 당연히 '품질'에는 소홀할 수밖에 없습니다.

또한 불필요한 '비용'이 발생합니다. 예를 들어 재료 발주도 2주일 뒤에 납품한다면 10만 엔이지만 3일 뒤에 납품한다면 할증이 붙어서 20만 엔이 됩니다.

스케줄에 여유가 있으면 공모를 통해 여러 거래처를 비교 검토한 다음 가장 낮은 가격을 고를 수 있습니다. 하지만 속도가 최우선인 상황에서는 불가능한 일입니다.

작업을 강행하느라 야근과 휴일 출근이 늘어나면 그만큼 인건비도 증가합니다. 회사가 지불해야 할 비용만 늘어나는 것이 아닙니다. 연이은 야근은 팀원 개인에게도 고통입니다.

마감 기한을 맞췄다 해도 품질이든 비용이든 원래 목표대로 달성하지 못했다면 그 프로젝트는 실패한 것입니다.

프로젝트 종료 후의 활동이 회식인 것도 문제입니다. 그저 술이나 마시며 '고생했어'라고 서로 위로하는 것만으로는 프로젝트를 통해 얻은 자산과 경험, 지식이 축적되지 않습니다.

그만큼 고생해서 프로젝트를 수행했으니 분명 많은 것을 배웠을 것입니다. 그 귀중한 자산을 노하우 삼아 이후의 프로젝트에 활용한다면 같은 실패를 반복하지 않을 것입니다.

그러나 안타깝게도 실상은 그렇지 않습니다. 반성이나 회고하는 시간이 없으니 프로젝트를 하면서 익힌 지식과 경험도 어느새 망각의 저편으로 사라집니다. 목표를 달성하지 못하고 아무것도 남는 게 없는 실패 프로젝트를 반복하는 한 기업은 높은 성과를 낼 수 없을 뿐 아니라 비즈니스를 성장시킬 수도 없습니다.

● **인재시장이 원하는 프로젝트 매니저**

프로젝트를 할 때마다 죽음의 레이스가 펼쳐지면 어느 누구도 프로젝트에 얽히고 싶지 않을 겁니다.

소프트뱅크도 이와 다르지 않았습니다. 초고속 인터넷 사업인 '야후! BB'를 완수하기 위한 프로젝트를 시작했을 때 손정의 사장은 인사부에 "오늘 저녁 5시까지 사원 100명을 집합시키십시오!"라고 지시했습니다.

본사를 비롯해 그룹 전체에서 차출된 100여 명 앞에서 손정의 사장은 온 힘을 다해 열정적으로 발표했습니다.

"소프트뱅크는 제2의 창업이라는 일념으로 이 프로젝트에 사운을 걸고 모든 역량을 집중하려 합니다. 여기 모인 여러분은 역사적인 프로젝트에 참가할 것입니다. 그것을 수락하는 뜻으로 모두 자신의 명찰을 여기 테이블 위에 올려주십시오!"

그때 명찰을 내놓은 사람은 수십 명 정도였고 대다수의 사원들이 뒤돌아 그곳을 나갔습니다. 10여 명 정도는 손정의 사장의 눈을 피해 비상계단으로 재빨리 빠져나갔습니다.

처음에는 확신에 차서 시작했지만 결국 사업으로 성공하지 못하고 끝난 프로젝트가 연달아 있었던 상황에서 소프트뱅크의 직원들은 손정의 사장의 프로젝트에 참여하고 싶지 않았습니다. 그처럼 세계적인 리더도 성공률이 떨어지면 함께 일하고 싶어 하지 않는 것입니다.

프로젝트의 팀원이 되기도 싫은데, 누가 현장을 책임지는 프로젝트 매니저가 되고 싶을까요?

"이상하게 우리 회사에는 프로젝트 매니저를 하겠다고 나서는 사람이 없어요. 그래서인지 크게 성장하는 인재도 없고요." 이런 고민을 털어놓는 CEO들이 많습니다.

그러나 프로젝트 매니저를 기피하는 이유는 능력이나 의욕이 없어서가 아닙니다. 권한은 없고 리스크만 책임져야 하는 일을 선뜻 하겠다고 나서는 사람들은 없을 것입니다. 말하자면 프로젝트 매니저가 임무를 완수할 수 없는 조직 구조가 문제입니다. 신규 프로젝트 성공률이 극도로 낮은 것도 이 때문입니다.

대기업은 프로젝트를 다음과 같이 진행합니다. 사내 공모나 비즈니스플랜 콘테스트로 채택한 아이디어를 실행하기 위해 아이디어 제안자에게 프로젝트 매니저를 맡깁니다.

프로젝트를 시작할 때는 임원급 간부 몇 사람이 나서서 든든한 힘이 되어줍니다. 그런데 프로젝트가 예상하지 못한 쪽으로 흘러가거나 자신이 관할하는 부서에 불이익이 된다 싶으면 그 즉시 임원들은 누가 먼저랄 것도 없이 발을 빼고 나 몰라라 합니다. 응원군과 지원군을 잃은 프로젝트 매니저는 필요한 인재와 예산도 충분히 지원받지 못하고 프로젝트는 신기루처럼 추진력을 잃기 시작합니다. 프로젝트 매니저는 분출하는 화산 같은 팀원들의 불만에 고스란히 노출되고 수습조차 불가능한 상태에서 결국 프로젝트가 해산됩니다.

더 심각한 것은 실패의 모든 책임을 오직 프로젝트 매니저 한 사람이 진다는 점입니다. 프로젝트의 실패에 따라 프로젝트 매니저에 대한 평가도 바닥으로 떨어집니다.

프로젝트가 실패하더라도 회사 임원이 모든 책임을 자신이 지겠다고 명확히 표명해야 하는데, 대부분의 프로젝트가 권한과 책임의 소재가 모호하므로 문제가 생겼을 때는 결국 프로젝트 매니저가 모든 책임을 지게 됩니다.

● AI가 프로젝트 매니저를 할 수 있을까?

프로젝트 매니저를 맡아도 이로울 것이 없으니 직원들의 반응이 부정적인 것도 무리가 아닙니다. 하지만 대부분의 회사는 프로젝트 성격의 업무가 늘어나는 추세입니다. 하고 싶지 않은데도 어쩔 수 없이 프로젝트 매니저를 맡고, 팀원들도 회사에서 지시하니 할 수 없이 참여한다면 프로젝트 실패 확률은 점점 높아질 뿐입니다. 글로벌 경쟁에서 뒤처지고 수익 격차도 점점 더 커지는 상황에서 이러한 기업 구조는 더 나아가 국가적인 손실을 초래합니다.

생각을 바꿔야 혁신할 수 있다는 말처럼 생각을 바꾸면 불리해 보이는 일들도 기회가 될 수 있습니다.

프로젝트를 꺼리는 사람들이 많은 지금의 비즈니스 환경에서 프로젝트 매니지먼트의 달인이라 불릴 만큼 노하우를 익히면 발군의 인재가 될 수 있습니다.

AI가 아무리 발달해도 프로젝트 매니지먼트를 능수능란하게 구사하는 능력을 가진 사람이라면 기업이 서로 영입하기 위해 인재 쟁탈전을 벌일 것입니다.

현재 기업의 환경은 프로젝트 매니저에게 매우 냉혹합니다. 그러나 프로젝트를 컨트롤하고 사람들을 움직이는 노하우와 방법은 확실히 존재합니다.

팀원의 시간을 빼앗지 않는다

유능한 프로젝트 매니저는 함께 일하는 팀원의 시간을 빼앗지 않습니다. CEO의 한마디에 모든 것이 완전히 뒤집어진다면 하나부터 열까지 모든 업무를 다시 해야 합니다. 이런 경우 팀원들의 시간을 빼앗게 됩니다. 지금까지 했던 업무는 없던 것으로 하고 두 번 또는 세 번까지 재작업을 해야 한다면 팀원들은 야근과 휴일 출근을 할 수밖에 없습니다. 그렇게 해야만 기한을 맞출 수 있기 때문입니다.

또한 끝없이 기다려야 하는 상황도 결과적으로 팀원의 시간을 빼앗는 일입니다. 상사나 클라이언트의 결재를 받지 못하면 일을 더 이상 진행하지 못하고 멈춰야 합니다. 해당 안건에 대한 결재가 날 때까지 기다리고 있는데, 프로젝트 매니저가 달려와서 이런 말을 합니다. "드디어 결재가 떨어졌습니다. 오늘 중으로 그 일을 완수해 주십시오." 그러면 오늘도 야근인가 하며 한숨이 터져 나올 것입니다.

그렇다면 결재를 받지 않고 일을 진행하면 어떨까요? 언젠가는 CEO가 한마디하게 마련이므로 팀원의 시간을 빼앗는 것은 마찬가지입니다. 그런 상황이 계속되면 함께 일하는 사람들의 심신은 말할 수 없이 피폐해집니다.

기업이 인건비를 줄이기 위해 직원 한 사람에게 맡기는 업무량이 급증하고 있는 요즘은 그야말로 시간이 가장 중요한 자원입니다. 시간은 누구에게나 중요합니다.

마찬가지로 사외 협력팀이나 독립적으로 활동하는 전문가의 시간도 빼앗지 않도록 신경 써야 합니다. 프로젝트 매니저는 외부에서 협력하는 사람들의 상황을 속속들이 알지 못합니다. 그래서 자칫 자사의 상황을 무리하게 밀어붙일 수 있습니다.

자신의 시간을 빼앗는 프로젝트 매니저에게 협력하는 사람은 없습니다. 프로젝트 매니저가 주변 사람들이 어떤 상황에 처했는지 신경 쓰지 않고 시간을 빼앗는다는 자각조차 하지 못한 채 무리하게 의뢰한다면 어떻게 될까요? "저 사람하고 일하면 항상 기한에 쫓겨서 급하게 작업해야 해. 한 번에 끝낼 일을 두세 번 한다니까. 다시는 그 사람과 프로젝트를 하지 않겠어." 결국 아무도 함께 일하려고 하지 않을 것입니다.

예를 들어 회사의 지시를 받아 프로젝트에 참여하게 된 팀원들은 이렇게 생각합니다. "이 사람이 프로젝트 매니저라면 적당히 해도 되겠지. 어차피 다시 작업할 테니까." 결코 '이 사람을 위해 열심히 일해야지'라고 생각하지 않습니다.

함께 일하는 사람들의 협력을 끌어내지 못하면 프로젝트를 성공할 수 없습니다. 능력 없는 프로젝트 매니저라는 낙인이 찍힐 것이

능력 있는 프로젝트 매니저와 실패하는 프로젝트 매니저의 차이

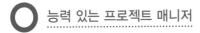

✕ 실패하는 프로젝트 매니저

오늘 중으로
어떻게 안 될까요?
부탁합니다…….

또
야근이야?

두 번 다시 함께
일하나 봐!

• 마감 직전에 급하게 의뢰
• 재작업이 수시로 발생

→

팀원의 시간을
쓸데없이 빼앗는다

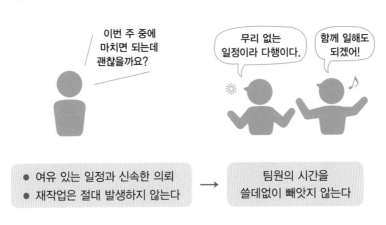

○ 능력 있는 프로젝트 매니저

이번 주 중에
마치면 되는데
괜찮을까요?

무리 없는
일정이라 다행이다.

함께 일해도
되겠어!

• 여유 있는 일정과 신속한 의뢰
• 재작업은 절대 발생하지 않는다

→

팀원의 시간을
쓸데없이 빼앗지 않는다

고 전반적인 업무 평가도 떨어질 것입니다.

팀원들의 시간을 소중히 여기는 프로젝트 매니저에 대한 평가는 완전히 다릅니다.

"저 사람은 언제나 팀원의 상황을 잘 살펴보고 가능한 범위의 업무를 일찍 의뢰하네. 덕분에 나도 일하기 편해."

"저 사람은 팀 전체의 작업 계획을 꼼꼼히 세우니 우리도 야근을 많이 하지 않고 여유 있게 일할 수 있어."

팀원들이 이렇게 평가하는 매니저가 이끄는 프로젝트는 그야말로 순탄하게 진행될 것입니다. 팀원들도 긍정적인 마음으로 일할 수 있기 때문에 생산성은 하루가 다르게 올라가고, 거시적 관점에서 프로젝트도 높은 성과를 낼 것입니다. 최소의 시간으로 최대의 성과를 냈으니 프로젝트 매니저로서 높은 평가를 받을 것입니다.

다른 프로젝트를 맡게 되더라도 이 사람과 꼭 함께 일하고 싶어 하며 적극적으로 참여하고자 하는 사람들이 많아집니다. 팀원과 관련자들이 만족하면 결과적으로 프로젝트 매니저의 업무도 원활하게 진행되고 모두 행복하게 일할 수 있습니다.

앞으로 프로젝트 업무가 늘어나면 능력 있는 프로젝트 매니저와 무능한 프로젝트 매니저의 격차는 점점 벌어질 것입니다. 그 차이는 고스란히 업무 평가로 이어집니다.

최근에는 근무 방식을 개혁하자는 목소리가 힘을 얻으면서 기업이든 개인이든 시간의 중요성에 대한 인식이 높아지고 있습니다.

짧은 시간에 생산성을 높일 수 있다면 당연히 좋을 것입니다. 그러나 단지 '생산성을 30퍼센트 높이세요', '야근을 50퍼센트 줄이세요'라는 목표만 주고 방법은 알아서 하라는 식으로 직원들에게 떠넘기는 것은 잘못입니다. 개인의 노력에는 한계가 있기 때문입니다.

개인이 아무리 컴퓨터 입력 작업을 2배 속도로 하더라도 처음부터 주어진 작업량이 그 사람의 수행 능력보다 훨씬 많으면 결국 아무런 개혁도 일어나지 않습니다.

입력 작업을 할 인원을 늘리거나 업무의 일부를 외주로 내보내는 등의 조치가 뒤따라야 합니다. 그렇지 않으면 아무리 개인적으로 노력하더라도 목표를 달성할 수 없습니다.

다시 말해 개인 단위가 아니라 조직 단위의 개선이 진정한 개혁입니다. 그렇게 할 수 있는 것은 관리자들이 아니라 경영진입니다. 윗사람이 변하지 않으면 근무 방식에 대한 진정한 개혁은 실현되지 않습니다.

소프트뱅크에서 콜센터 운영을 맡았을 때 손정의 사장의 지시로 대폭적인 비용 삭감을 해야 했습니다. 비용을 낮추려면 상담 시간을 줄여야 했습니다. 1건당 평균 상담 시간을 측정해 보니 8분 30초가 나왔습니다. 이 시간을 줄이고자 현장의 관리자들에게 상담 시간을 1분 단축해서 평균 7분 30초 내외로 하라고 지시했습니다.

바로 그것이 엄청난 실패의 원인이라고 깨달은 것은 한참 뒤의 일입니다.

지시받은 상담원들은 목표 시간 내에 상담을 끝내기 위해 빠른 속도로 말해야 했고, 급기야 7분 30초를 넘어서면 전화를 끊어버리는 상담원까지 나타났습니다. '말하는 도중에 끊었다', '말이 너무 빨라서 도통 알아들을 수 없다'는 고객들의 불만 전화가 급증한 것은 물론입니다.

윗사람이 현장의 노력과 희생만으로 문제를 해결하려 하면 어떻게 되는지 보여주는 전형적인 사례입니다.

개인의 노력만으로 할 수 있는 일이 아니었음을 깨닫고 나서 전체 조직의 운영 개선에 시선을 돌렸습니다. 상담원이 길게 말하지 않아도 되는 시스템을 만든 것입니다.

가장 먼저 매뉴얼을 검토해 보고 대화 시간이 늘어나는 요인들을 하나하나 없애나갔습니다. 그때까지는 상담원이 성명, 주소, 연령, 성별 등 다수의 항목을 일일이 물어보는 방식으로 본인 확인을 했습니다. 회사의 감사팀에 확인해 보니 그중 몇 가지는 불필요하다는 답변이 왔고, 당장 그런 항목부터 없앴습니다.

그리고 대화가 길어진 상담 내용을 조사한 결과 모뎀 상황을 확인하는 것이 대부분이었습니다. 이를 해결하기 위해 콜센터가 원격으로 고객의 모뎀 상황을 확인할 수 있는 프로그램을 도입했습니다. 고객의 모뎀 상황을 확인하기 위해 '불이 들어온 램프가 있습니까?' '몇 번째 램프입니까?' '빨간색입니까, 초록색입니까?' 등의 몇 가지 질문을 하느라 상담 시간이 길어졌던 것입니다.

이러한 구조적인 문제를 해결하자 상담 시간이 대폭 단축됐고, 콜센터 비용도 크게 줄일 수 있었습니다.

이 경험을 통해 업무의 생산성을 높이려면 조직 전체의 업무량과 자원을 배분하는 등 담당자가 올바르게 컨트롤하는 것이 얼마나 중요한지 절감했습니다.

● **전기를 꺼도 할 일은 없어지지 않는다**

"우리 회사는 근무 방식을 개혁하기 위한 방법으로 직원이 야근하지 않도록 퇴근 시간에 맞춰 사무실 전기를 꺼버립니다."

이런 말을 자랑스럽게 하는 경영자들이 많습니다.

하지만 '퇴근 시간에 전기를 끈다'는 것은 '콜센터 상담 시간을

1분 단축하시오'라는 지시와 본질적으로 같습니다.

단순히 사무실에 있는 시간만 줄어들 뿐 직원 한 사람이 해야 하는 업무량은 변하지 않기 때문입니다. 어쩌면 직원들은 집에 가서 회사 일을 할지도 모릅니다. 보이지 않게 야근을 하고 있는 것입니다.

부서마다 야근 시간을 얼마만큼 줄일 것인지 목표치를 설정하고, 달성하지 못하면 상사에게 패널티를 주는 회사도 있습니다. 상사는 그 목표치를 달성하기 위해 부하직원을 빨리 퇴근시키고, 자신이 업무를 떠맡거나 다른 부서 또는 외부로 하청을 내보내는 경우도 적지 않습니다.

아무리 목표를 세워도 조직의 운영이 근본적으로 바뀌지 않는 한 풍선 효과(어떤 부분에서 문제를 해결하면 또 다른 부분에서 새로운 문제가 발생하는 현상)는 사라지지 않습니다.

● **중간관리자가 일하기 좋은 기업**

조직의 업무를 개선하려면 중간관리자가 나서야 합니다. 중간관리자는 위로부터 정보를 얻을 뿐 아니라 현장의 생생한 정보도 얻을 수 있기 때문에 조직 전체의 운영을 개선할 수 있습니다.

"어차피 다 같은 직원일 뿐인데 조직을 바꿀 여력이 어디 있습니까?"라고 말하는 사람들도 있을 것입니다.

소프트뱅크 시절 손정의 사장과 현장의 프로젝트 팀원 사이에서 동분서주했던 저 역시 중간관리자로서 이런 마음을 잘 압니다.

하지만 무리한 지시를 떠안듯 맡은 결과 엄청난 책임에 심신이 피폐해지는 사람은 결국 중간관리자입니다. 그러므로 이들이 나서야 합니다. 동료들과 함께 보람도 느끼고 웃으며 일하기 위해서라도 반드시 조직을 바꿔야겠다는 인식을 가지는 것이 좋습니다.

조직을 바꾸는 것이 하루아침에 개혁하라는 의미는 아닙니다.

상사나 클라이언트와 원활하게 소통해서 프로젝트 중간에 끼어들어 업무를 원점으로 돌리는 일이 없도록 미연에 방지해야 합니다. 또한 프로젝트 관련 권한을 명확히 정하고 프로젝트 매니저와 현장의 팀원이 책임지지 않게 하는 것만으로 충분합니다. 또 결재를 기다리느라 시간을 허비하는 일이 없고, 재작업을 하지 않도록 해야 할 것입니다.

이런 노하우가 바로 이 책에서 소개할 프로젝트 매니지먼트 업무 기술입니다.

제2장

시작 단계에서
90퍼센트가 결정된다

제1장은 흔히 볼 수 있는 프로젝트 실패의 전형적인 패턴을 소개했습니다. 그렇다면 프로젝트 업무가 야근과 휴일도 없이 마감 기한에 쫓기는 죽음의 레이스가 되지 않으려면 어떻게 해야 할까요?

기본적으로 올바른 프로젝트 매니지먼트 방법을 알아야 합니다. 이것은 신입 사원뿐 아니라 간부 직원에게도 꼭 필요한 능력입니다. 실제로 프로젝트 업무가 점점 더 늘어나고 있는데도 프로젝트 매니지먼트 기술을 교육하는 기업은 거의 없습니다.

프로젝트 매니지먼트 전문가 교육 코스로는 앞에서도 말했던 PMBOK가 있습니다. 하지만 워낙 방대하고 세부적이기 때문에 일상의 업무로 바쁜 사람들이 배우기는 녹록지 않습니다.

2장부터 4장까지는 프로젝트 매니지먼트에 기본적으로 필요한 노하우를 소개합니다. 대부분 직접 프로젝트 매니저로 활동하면서 쌓은 경험을 기반으로 정리한 것이고, 일부 내용은 PMBOK를 참고했습니다.

2장은 재작업을 하지 않고 순조롭게 프로젝트를 진행하는 방법을 알려드릴 것입니다. 특별한 프로젝트뿐 아니라 일상 업무에서도 생산성을 높일 수 있는 방법이니 곧바로 실천할 수 있습니다.

●   **일상 업무와 프로젝트 업무의 차이**

여기서 다시 한 번 일상 업무와 프로젝트의 차이를 정리하겠습니다.

프로젝트
- 독자적인 제품이나 서비스를 창출한다.
- 유기성
- 여러 부서가 참여해서 진행한다.

일상 업무
- 동일한 제품이나 서비스를 재생산한다.
- 지속성
- 담당 부서에서 완결된다.

1장에서 설명한 대로 프로젝트는 지금까지 해본 적 없는 업무입니다. 정해진 마감 기한이 있으며 다른 부서 또는 외부 사람들과 함께 진행하는 것이 특징입니다.

반대로 일상 업무는 반복적으로 늘 해오던 익숙한 업무이며 마감 기한이 없습니다. 더구나 부서 내에서 충분히 완결되는 일입니다.

프로젝트는 품질, 기한, 비용 3가지의 균형을 맞춰가며 진행해야 합니다. 또한 프로젝트 매니저는 목적을 달성하기 위해 성과물의 품질, 스케줄, 예산과 인력까지 효율적으로 조정해야 합니다.

프로젝트 매니지먼트와 일상 업무 매니지먼트의 차이를 살펴보겠습니다.

일상 업무는 이른바 PDCA 즉, 계획(plan), 실행(do), 평가(check), 개선(action)의 순서로 진행합니다. 프로젝트 매니지먼트는 '계획' 앞에 또 다른 중요한 프로세스가 추가됩니다.

프로젝트 진행 방법을 계획하기 전에 '이 프로젝트의 목적은 무엇인가', '이 프로젝트 관련자들은 누구인가', '마감은 언제까지이며, 예산은 얼마나 책정되어 있는가', '어느 정도의 품질을 기대하는가' 등 프로젝트를 명확히 정의해야 합니다.

이 과정을 PMBOK(프로젝트 관리 지식 체계) 용어로 이니시에이션(initiation)이라고 합니다. '발족, 개시, 시동, 입회' 등을 의미하는데, 비즈니스에서는 '착수'의 뜻으로 사용됩니다.

'계획'을 세우기 전에 '착수' 과정부터 시작해야 죽음의 레이스를 방지할 수 있습니다. '착수'는 굉장히 중요한 과정이니 반드시 기억해 두어야 합니다.

프로젝트 매니지먼트의 흐름은 다음과 같이 4단계로 나눌 수 있습니다.

❶ 착수 : 프로젝트에 관련된 중요 사항을 명확하게 정하는 것으로, 프로젝트 의뢰인이자 최종 책임자와 조정하는 일을 포함한다.

❷ 계획 : 과제 구분, 일정 짜기, 정례회의 설정 등

❸ 실행 : 정례회의, 진행 관리, 재검토 등

❹ 종료 : 평가, 반성 등

지금부터 각 단계에서 무엇을 어떻게 해야 하는지 구체적으로 설명하겠습니다.

신규 사업 개발과 같은 특별한 대규모 프로젝트이든 프로젝트 성격의 일상 업무이든 기본적으로 해야 할 일과 필요한 절차는 동일하므로 자신의 업무에 충분히 적용해 볼 수 있습니다.

● **착수❶ 프로젝트 매니저를 정한다**

맨 처음 해야 할 '착수' 단계는 프로젝트 전체의 성패를 좌우하는 중

요한 과정입니다. 착수 단계에서 성패가 결정된다고 해도 과언이 아닙니다.

'착수'의 첫걸음은 프로젝트 매니저를 정하는 것입니다.

"당연한 것 아냐! 전체적으로 진행할 프로젝트 매니저 없이 무슨 일을 하겠어?"

"프로젝트 매니저는 이미 정해진 것 아니었어?"

이렇게 말하는 사람들이 있을 것입니다. 하지만 곰곰이 생각해보세요. 프로젝트 매니저가 누구인지 확실히 정하지 않고 진행한 경우가 많을 것입니다.

예를 들어 회사 웹사이트를 리뉴얼하는 프로젝트를 시작한다고 했을 때 관련 부서 직원들은 상사의 지시를 받고 프로젝트 첫 회의에 참석합니다. 그런데 아무도 프로젝트 매니저를 맡으려 하지 않습니다. 또는 '이 업무를 총괄해서 매니지먼트를 할 사람을 결정해야 한다'는 생각조차 하지 못합니다.

어쨌든 회의에 참석한 모든 직원들은 무엇을 회의해야 할지 모르는 상태에서 일단 자기 부서의 입장을 강변합니다. 그런 분위기 속에서 "이렇게 하죠"라며 적당히 마무리 짓고 회의를 끝냅니다.

이런 식의 프로젝트 회의는 어떤 기업이든 쉽게 볼 수 있습니다.

커뮤니케이션 채널을 관리하라

그렇다면 맨 먼저 프로젝트 매니저를 정하지 않을 경우 어떤 문제가 생길까요?

가장 큰 문제는 프로젝트 매니저가 없으면 커뮤니케이션에 큰 혼선이 빚어진다는 것입니다. 프로젝트에 참가하는 인원이 많을수록 커뮤니케이션 채널 수는 급증합니다.

예를 들어 팀원이 2명이라면 커뮤니케이션 채널 수는 하나입니다. 하지만 4명이 되면 6개, 5명이 되면 10개, 이런 식으로 점점 늘어납니다. 커뮤니케이션 채널 수는 $n(n-1)÷2$로 계산되므로 팀원이 8명이라면 채널 수는 28개$(8×7÷2)$가 됩니다.

이런 상태에서 팀원 한 사람 한 사람이 자신의 정보를 각각 전달하면 어떻게 될까요?

A가 B에게 "이번 건은 어떻게 됐습니까?"라고 물으면, B는 "C가 하고 있을 겁니다"라고 말합니다. C에게 가서 물어보면 "D가 발주

커뮤니케이션 채널

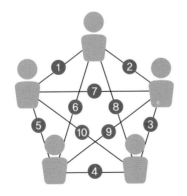

'사람 수 = n명'이라면
$n(n-1)÷2$(개)

예) 5인 → $5×(5-1)÷2 = 10$개
6인 = 15개, 8인 = 28개,
10인 = 45개……

↓

인원이 늘어나면
급속히 증가한다

를 냈다고 했습니다"라고 말합니다. 그래서 또다시 D에게 물어보면, "그건 A가 하고 있지 않았나요?"라고 말합니다.

팀원 모두 이렇게 말한다면 누구의 말이 맞는지 알 수 없습니다.

프로젝트 매니저 없이 진행하다 보면 커뮤니케이션의 혼선이 빚어지는 경우가 아주 많습니다. 커뮤니케이션 채널 수가 늘어나 정보가 뒤섞이면 오해가 일어날 수밖에 없습니다.

하지만 프로젝트 매니저가 있으면 상황이 달라집니다. 프로젝트 매니저가 정보의 허브가 되므로 커뮤니케이션 채널 수는 n-1(개)로 끝나기 때문입니다. 예를 들어 프로젝트 매니저를 포함해 팀원이 8명인 그룹의 커뮤니케이션 채널은 7개입니다. 7명의 팀원이 동그랗게 원을 그리고 가운데 프로젝트 매니저를 중심으로 선을 이어봅니다. 선이 7개 그어지는데 그것이 바로 채널 수입니다.

프로젝트 매니저가 커뮤니케이션 채널의 중심에 있으면 팀원은 확인할 것이 있을 때마다 단일 회선으로 연결된 프로젝트 매니저와 소통하면 되므로 업무 효율이 높아집니다.

이렇게 하면 '말 전하기 게임'처럼 미묘하게 다른 정보를 주고받을 일도 없으므로 언제나 모든 팀원이 프로젝트에 관한 최신 상황을 공유할 수 있습니다.

프로젝트 팀은 다양한 조직에서 모인 사람들로 구성되기 때문에 착수 단계에서 맨 먼저 해야 할 일이 바로 프로젝트 매니저를 정하고 올바른 정보를 공유할 수 있는 구조를 만드는 것입니다.

왜 프로젝트 매니저가 필요한가

 프로젝트 매니저가 정해지지 않은 경우
···

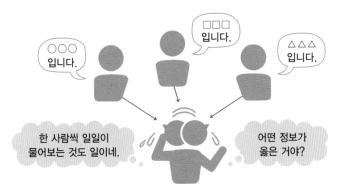

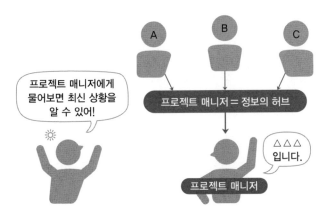 프로젝트 매니저가 정해진 경우
···

당신이 프로젝트 매니저를 맡게 됐다고 가정해 봅시다. 우선 '착수' 단계에서는 프로젝트 매니저가 달성해야 하는 목표를 확실히 정합니다. 그리고 목표에 대한 보고서를 작성해서 프로젝트의 최종결정권자에게 승인을 받아야 합니다. 이렇게 하면 프로젝트 매니저는 어떤 목표를 지향해야 하는지 알 수 있습니다.

여기서 프로젝트 최종결정권자는 프로젝트 의뢰인입니다. 프로젝트 매니저는 이 사람의 위임을 받아서 프로젝트를 수행하는 것입니다.

예를 들어 소프트뱅크 손정의 사장이 프로젝트 최종결정권자이고, 저는 프로젝트 매니저였습니다.

프로젝트는 품질, 기한, 비용 3가지 요소로 구성된다고 말했는데, 이들의 균형을 어떻게 잡을지는 최종결정권자가 정하는 것입니다.

"품질을 낮춰서라도 기한을 지켜주십시오."

"기간은 더 늘어나도 좋으니 예산 범위 내에서 진행해 주십시오."

"예산이 더 들더라도 품질을 맞춰주십시오."

이러한 것들은 프로젝트 최종결정권자가 정하는 것입니다.

프로젝트 매니저가 품질, 기한, 비용을 모두 맞춰서 그야말로 120퍼센트 완벽한 결과물을 내지 않아도 됩니다.

극단적으로 말하면 아무리 품질이 나빠도, 예산이 더 들더라도, 기간이 연장되더라도, 최종결정권자가 정하는 대로 진행하면 됩니다. 따라서 프로젝트의 최종 목표는 최종결정권자가 어떤 기대치를 갖고 있느냐에 따라 결정되는 것입니다.

이런 이유로 프로젝트 착수 단계에서 최종결정권자가 누구인지 명확히 정해야 하고, 반드시 한 사람이어야 합니다.

최종결정권자가 모호하면 실패로 끝난다

그러나 실제로는 최종결정권자가 2명 이상이거나 처음부터 누구인지 확실하지 않은 경우가 많습니다.

회사의 웹사이트를 리뉴얼하는 프로젝트를 예로 들어봅시다. '원래 이런 건 정보시스템 일이 아닌가? 아니면 경영기획 부서나 마케팅 부서에서 해야 하는 것 아닌가?'라는 생각이 들 때가 있을 것입니다. 이런 경우 누가 의뢰인이자 최종결정권자인지 알 수 없습니다.

이런 상태에서 프로젝트에 착수하면 순조롭게 진행되기 매우 어렵습니다. 결국 프로젝트는 엉망진창이 되고 죽음의 레이스에 돌입하게 될 것이 분명합니다.

조직에서 일을 진행할 때는 최종결정권자가 반드시 필요합니다.

비즈니스 플랜을 세운 사람을 프로젝트 매니저로 임명하고 강력하게 응원하던 임원들이 착수 단계가 지나 프로젝트 진행에 문제가 생기면 언제 그랬냐는 듯 발을 뺍니다. 혼자 남겨진 프로젝트 매니저는 어떤 권한도 없기 때문에 인원이나 예산을 움직이지 못하고 결국 프로젝트는 방치되다가 사라집니다.

최종결정권자가 없으면 프로젝트는 이렇게 실패로 끝나버리는 것입니다.

그런데 최종결정권자가 없는 것보다 더 최악인 경우도 있습니다. 바로 최종결정권자가 아닌데도 최종결정권자인 것처럼 구는 사람들이 있는 경우입니다.

"정보시스템 부서의 본부장이 A안으로 하라고 하셨습니다."

"하지만 서비스기획 부서장은 B안이 좋다고 하셨어요."

"잠깐만요. 전무님은 C안으로 하라고 하셨는데요."

너도나도 최종결정권자인 것처럼 끼어들면 어떤 사안도 명확하

리더는 한 명이 철칙

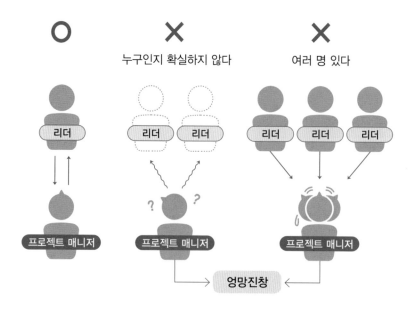

게 정할 수 없습니다. 그만큼 프로젝트 진행도 더뎌집니다.

프로젝트 매니저가 책임자는 아니다

조직에는 어떤 사안에 대한 책임자 또는 리더가 여러 명일 수 있습니다. 그렇기 때문에 누가 최종결정권자인지 명확하지 않으면 저마다 무책임하게 한마디씩 던지는 사태가 벌어집니다.

최종결정권자는 권한을 가지는 대신 무슨 일이 생기면 책임을 져야 합니다. 바로 이것이 핵심입니다.

프로젝트 매니저가 곧 책임자라고 생각하는 사람들이 많은데 이것은 그야말로 잘못된 생각입니다. 프로젝트와 관련해서 최종적으로 모든 것을 책임지는 사람은 최종결정권자입니다. 프로젝트 매니저는 최종결정권자가 원하는 품질, 기한, 비용에 맞춰서 결과물을 만들어내기 위해 현장을 원활하게 움직이는 실무자일 뿐입니다. 그런데 실제로는 프로젝트 매니저에게 책임까지 떠맡기는 경우가 아주 많습니다.

프로젝트 매니저는 어떤 권한도 없고 필요한 인력과 예산을 충분히 지원받지도 못합니다. 그런데도 실패했을 때 책임을 져야 한다면 누구도 프로젝트 매니저를 맡지 않을 것입니다. 조직에 소속되어 있으니 어쩔 수 없이 프로젝트를 성공시키기 위해 모든 역량을 다하지만 결국 실패로 끝납니다.

많은 프로젝트가 이런 패배 사이클에 빠지는 까닭은 프로젝트 최종결정권자를 명확하게 정하고 프로젝트 매니저와 역할을 나누는 과정을 생략했기 때문입니다.

'착수' 단계에서 맨 처음 프로젝트 매니저를 정했다면 그다음은 프로젝트 최종결정권자가 누구인지 반드시 명시해야 합니다.

이것은 프로젝트 성공을 위한 철칙입니다.

소프트뱅크에서 수행했던 프로젝트는 대부분 목표 수준이 높고 어려운 것들이었습니다. 하지만 손정의 사장이라는 명확한 최종결정권자가 있었기에 진행하는 데 큰 문제가 없었습니다. 어떤 프로젝트를 하든 손정의 사장은 언제나 맨 먼저 명확한 목표를 설정했습니다.

"9월 1일, 매스컴에 새로운 요금 플랜을 발표하겠습니다. 모두 준비해 주십시오!"

이처럼 손정의 사장은 명확한 목표를 설정했기 때문에 프로젝트에 참여하는 모든 사람들은 자신의 자리에서 전력을 다해 일할 수 있었습니다.

단지 기한을 믿을 수 없을 정도로 짧게 설정했기에 프로젝트를 수행하기가 힘들고 고생스러운 면은 있었습니다. 하지만 처음부터 최종결정권자가 원하는 품질, 기한, 비용을 확실하게 정해 주었기 때문에 현장을 움직여야 하는 프로젝트 매니저에게는 큰 힘이 되었습니다.

소프트뱅크에서는 프로젝트가 대충 시작되어 어영부영 진행되다가 중간에 멈춰버리는 비생산적인 일은 결코 허용되지 않았습니다. 손정의라는 강력한 리더가 그렇게 되도록 내버려두지 않는, 소프트뱅크만의 업무 풍토를 만들었기 때문입니다.

최종결정권자를 정할 수 없는 경우

프로젝트 매니저는 맨 먼저 최종결정권자가 생각하는 프로젝트의 목적과 목표, 예산의 상한선, 희망하는 기한 등을 알아내야 합니다. 이때 프로젝트 매니저는 최종결정권자를 만나 차터(charter) 작성에 필요한 사항들을 확인해야 합니다.(80쪽 참고)

앞에서도 강조했듯이 최종결정권자는 반드시 한 사람이어야 합니다. 그렇지만 현실적으로는 한 사람으로 좁힐 수 없는 경우가 많습니다.

예를 들어 여러 기업이 모여 하나의 벤처기업을 세울 때는 각 기업의 대표자가 최종결정권자입니다. 제가 프로젝트 매니저로 진행했던 일본채권신용은행(지금의 아오조라은행) 매수에서는 소프트뱅크 손정의 사장, 오릭스 미야우치 요시히코 회장(당시), 도쿄해상화재보험의 히구치 고케이 사장(당시) 세 사람이 최종결정권자였습니다.

최종결정권자는 안건에 따라서도 다를 수 있습니다. 상대편 회사 대표로 참여하는 사람은 담당자일 뿐 실제 최종결정권자는 그 사람의 상사일 수도 있습니다. 이런 경우 프로젝트 매니저가 최종결정권자의 범위를 좁힐 수 없습니다.

한편 최종결정권자가 누구인지는 확실하지만 그 사람이 프로젝트에 대한 명확한 목표를 갖고 있지 못한 경우도 있습니다.(71쪽 참고)

최종결정권자를 직접 만나서 확인한 내용을 바탕으로 프로젝트 매니저는 품질, 기한, 비용 3가지 요소를 구체화해야 합니다.

그러나 현실적으로는 그때그때 최종결정권자의 지시를 받는 경우가 더 많습니다. 그런 경우에도 "결과물의 품질은 어느 수준으로 할까요?"라며 수시로 의사를 확인해야 합니다. 그래야 기대하는 최종 결과물이 명확하고, 프로젝트를 수행하는 사람들도 수월하게 일할 수 있습니다.

최종결정권자를 만나서 확인한 것들을 정리하고 정식 승인을 받으면 '착수' 단계가 마무리됩니다. 따라서 최종결정권자가 생각하는 것과 프로젝트 매니저가 이해하는 것이 동일해야 합니다. 그러기 위해서는 꼼꼼히 체크하고 수시로 최종결정권자를 만나서 확인해야 합니다.

한편 최종결정권자가 어느 정도의 예산과 인력이 필요할지 프로젝트 매니저에게 물어보거나, 우리 회사의 자원만으로 진행할 경우 어느 정도 품질까지 만들어낼 수 있을지 확실하게 모를 경우도 있습니다.

최종결정권자는 실무자가 아니기 때문에 현장 상황이 어떻게 진행되는지 잘 모를 수 있습니다. 프로젝트 매니저도 최종결정권자가 기대하는 품질, 기한, 비용을 완수하기 위해 어느 정도의 인력, 설비, 시간이 필요한지 모를 수 있습니다.

프로젝트란 원래 지금까지 없었던 제품 또는 서비스를 만들어내는 것이기 때문에 내용을 속속들이 알지 못하는 것이 당연합니다.

그러므로 명확하게 정하지 않은 상태에서 착수하면 최종결정권자가 "실제 완성된 것을 보니 내가 말한 것과 좀 다르군!"이라는 말을 하게 마련입니다.

최종결정권자의 한마디는 재작업을 해야 한다는 의미이고, 죽음의 레이스가 시작된다는 뜻입니다.

어떻게 하면 이런 상황을 피할 수 있을까요? 이때 필요한 것이 가설입니다. 최종결정권자와 프로젝트 매니저가 그저 어렴풋이 짐작하는 것들과 목표를 명확하게 정하기 위해서는 가설을 세워야 합니다.

흔히 '전례 없는' 일이라는 말을 합니다. 해보지 않으면 누구도 알 수 없습니다. 지금 단계에서는 가설로도 충분하지만, 가설을 세울 때 어느 정도 타당성이 필요합니다.

"경쟁 회사와 같은 수준의 웹사이트를 만든다면 이 정도의 예산이 필요합니다", "지난번 우리 회사 웹사이트를 리뉴얼할 때 이 정도 시간이 걸렸으니 이번에도 비슷할 것 같습니다."

이처럼 다른 회사나 과거 프로젝트 선례에서 얻은 정보와 지식을 근거로 최종결정권자와 교섭하면 품질, 기한, 비용을 구체적으로 설정할 수 있습니다. 사례와 수치를 제시하면 최종결정권자도 품질에 대한 명확한 목표를 세우기 쉽습니다.

이렇게 착수 단계에서 최종결정권자와 프로젝트 매니저가 정확한 목표를 공유해야 나중에 재작업하는 상황이 발생하지 않습니다.

정보와 지식을 얻기 전에 '예측'한다

어떻게 해야 타당성 높은 가설을 세울 수 있을까요? 먼저 프로젝트 매니저가 최소한의 정보와 지식을 가지고 있어야 합니다.

무언가를 새롭게 공부할 필요는 없습니다. 프로젝트는 이미 '착수' 단계에 들어갔으므로 그럴 여유도 없습니다. 가설을 세우는 데 필요한 기초적인 내용을 최단 시간 내에 대략적으로 파악하는 것만으로도 충분합니다.

책을 읽거나 전문가에게 물어보면 최소한의 지식을 빠르게 배울 수 있습니다. 그러나 아무런 기초 지식이 없으면 자신에게 꼭 필요한 정보가 무엇인지조차 모르기 때문에 전문가에게 무엇을 물어봐야 할지 핵심을 잡을 수 없습니다. 확인하고 싶은 것이 무엇인지 정확히 알지 못하는 상태에서는 적절한 질문을 하기 어렵습니다.

우선 자신만의 기준이 될 만한 것들을 조사해 봐야 합니다. 새로운 웹사이트를 만드는 프로젝트라면 경쟁사의 사이트를 일괄적으로 체크해 보면서 요즘 트렌드가 무엇인지, 기본 기능이나 디자인 수준은 어떤지 파악합니다.

그런 다음 외부의 웹 개발 회사에 문의합니다. 사전 지식을 갖췄다면 "디자인은 A사처럼 심플하게 하고, B사 같은 기능을 추가할 경우 예산과 기한은 어느 정도 될까요?"라고 구체적으로 물어볼 수 있을 것입니다.

정보와 지식을 공부하기 전에 대략적인 예측을 해보면 자신이 맡은 프로젝트에 직접적으로 도움이 되는, 그야말로 살아 있는 지식을 얻을 수 있습니다.

지식과 정보를 얻는 가장 쉬운 방법

관련 책을 보는 것도 예측하는 데 도움이 됩니다. 프로젝트 주제를 전체적으로 파악하고 싶을 때, 사물의 본질을 이해하고 싶을 때 종이책만 한 것이 없습니다. 종이책의 장점은 내용을 한눈에 파악할 수 있다는 것입니다. 목차를 본 다음 페이지를 한장 한장 넘기면서 전체 구조를 대략 파악합니다.

필요한 책을 찾을 때는 오프라인 대형 서점이 좋습니다. 관련 분야로 가서 나란히 꽂혀 있는 책을 하나씩 꺼내 훑어봅니다. 시간이 없을 때는 목차만 읽어보고 비교해도 됩니다. 이렇게 하면 자신이 정말로 필요한 정보와 지식이 잘 정리되어 있는지 판단할 수 있습니다.

인터넷 서점에 올라온 정보로는 자세히 비교하기 어렵습니다. 다른 사람의 평가 점수가 높더라도 나에게 도움이 된다고 장담할 수 없기 때문입니다. 직접 읽어보면서 비교해 봐야 합니다.

나에게 꼭 필요한 정보를 담은 책을 찾았다면 처음에는 대략적으로 가볍게 읽으면서 알고 싶은 것과 프로젝트에 도움이 되는 페이지에 포스트잇을 붙입니다. 그런 다음 포스트잇을 붙인 페이지를 자세히 읽어보면 최단 시간에 필요한 지식을 흡수할 수 있습니다.

제가 소프트뱅크에서 독립한 후 내각부의 원자력대책본부에서 폐로·오염수 대책팀의 프로젝트 매니지먼트 및 어드바이저를 맡았을 때도 가장 먼저 서점으로 달려갔습니다.

프로젝트 매니지먼트 전문가로 성과를 인정받아 오염수 처리 프로젝트가 신속히 진행될 수 있도록 조언해 달라는 의뢰를 받았는데, 저는 이 분야에 문외한이었습니다.

일단 현장의 시공관리에 문제가 있는 것 같다는 내용을 듣고는 서점에서 시공관리 분야의 책을 찾아보았습니다. 그 자리에서 몇십 권을 비교한 결과 제가 알고 싶은 내용이 가장 간결하게 정리되어 있는 책을 찾았습니다. 그리고 비슷한 책을 세 권 정도 더 사서 포스트잇을 붙여가며 수험생처럼 읽었습니다. 이렇게 시공관리에 대한 기초 지식을 머릿속에 넣고 나서 프로젝트 관련 첫 회의에 참석했습니다.

처음에는 전혀 모르는 분야였지만 시공관리에서 병목현상으로 문제를 일으킨 부분을 현장에서 발견해 개선책을 제시할 수 있었습니다.

현장에서 얻는 정보에 귀 기울여라

책에서 얻은 지식만으로 부족할 때는 전문가에게 문의합니다.

저는 소프트뱅크에 입사하기 전 부동산 개발사에서 일했기 때문에 시공관리 분야에 아는 사람이 있었습니다. 그 사람에게 부탁해서 시공관리 현장을 견학하고 인력 배치 방식과 도면 관리법 등 실무적인 지식을 얻었습니다.

책은 지식을 습득하는 도구로 매우 우수하지만, 실제 현장에서만 얻을 수 있는 정보와 지식도 상당히 많습니다. 프로젝트 매니저로서 생생한 지식을 습득하고 싶다면 현장을 잘 아는 전문가에게 물어보거나 실제 현장을 직접 방문해 보는 것이 좋습니다.

그러나 남에게 물어본다는 것이 말처럼 쉬운 일은 아닙니다. 그럴 때 우선 회사 내에서 가까운 사람과 가볍게 이야기해 보는 것만으로도 다양한 영감을 얻을 수 있습니다.

이것은 손정의 사장도 자주 실천했던 방법입니다.

머릿속으로는 하고 싶은 것이 있는데 아직 목표가 명확하게 정해지지 않을 때 손정의 사장은 저를 포함한 사장실 직원이나 경영전략실 임원을 불러서 의논합니다.

손정의 사장이 "이런 것을 생각하고 있는데 어떨까?"라거나 "이런 방법도 있다는데……"라고 대략적인 아이디어를 꺼내면 다른 사람들은 마치 자신에게 날아오는 공을 되받아치듯이 의견을 말합니다. 그러다 보면 점차 희미했던 논점이 확실해집니다.

그렇게 해서 "다음에는 경리 담당을 부르자", "다음에는 법무 담당도 부르자"라며 점점 의논 상대를 늘려가면서 논점을 정교하게 다듬습니다. 사외 전문가도 필요하면 투자은행 담당자나 세무사까지 불러 더 자세한 이야기를 듣습니다.

이러한 과정으로 가설을 세워나가는 것이 손정의 사장의 방식입니다. 일단은 회사 직원들과 의논하는 것만으로도 목표를 명확하게 세우는 데 큰 도움이 됩니다.

중요한 것은 프로젝트 매니저가 잘 알지 못하는 상태에서 프로젝트를 진행해서는 안 된다는 것입니다. 최종결정권자와 교섭할 정도의 지식과 정보를 습득하기 위해 적극적으로 행동해야 합니다.

목표가 명확하지 않은 상태에서는 절대 프로젝트를 시작해서는 안 된다는 점을 명심해야 합니다.

● **착수❹ 프로젝트 이해관계자를 빠짐없이 파악한다**

이해관계자는 일반적으로 주주나 고객, 회사 직원, 매입처 및 거래처, 지역사회와 행정기관 등 기업의 경영 활동과 관련된 모든 사람이 포함됩니다.

프로젝트에서 이해관계자는 다음과 같은 사람들입니다.

- 프로젝트 최종결정권자
- 프로젝트 매니저
- 프로젝트 팀원
- 팀원이 소속된 부서의 상사
- 타 부서
- 비즈니스 파트너
- 공급업체
- 고객 또는 유저

이처럼 프로젝트에 관련된 사람은 무수히 많기 때문에 '착수' 단

이해관계자를 누락해 원점에서 재작업

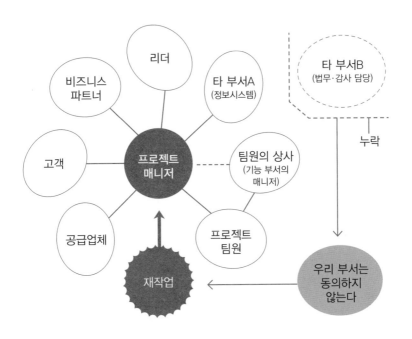

계에서 이 프로젝트의 이해관계자가 누구인지 명확히 파악해야 합니다. 느슨하게 대응했거나 간과했던 이해관계자가 뒤늦게 생각지도 못한 지적을 할 수 있습니다. 그렇게 되면 생각해 볼 것도 없이 원점으로 돌아가 재작업을 해야 합니다.

이해관계자 중 빼놓아서는 안 될 것이 법무·감사 부서입니다. 프로젝트 주제와 직접적인 관련이 없더라도 제품이나 서비스를 공개할 때는 법무·감사 부서에 확인해야 할 일이 종종 생기게 마련입니다.

예를 들어 장난감 회사가 신상품을 개발하는데, 공장에서 제조하는 일만 남았습니다. 그런데 법무·감사 부서가 "이 부분에서 오작동이 발생하면 아이들이 손가락을 다칠 수 있습니다. 반드시 부품 접속 부분을 개선해야 합니다"라고 하면 그야말로 다시 작업해야 합니다. 이미 장난감 금형 발주까지 했는데, 그 비용이 수천만에서 수억 원이라면 그야말로 공포에 가까운 충격입니다. 기업에서는 실제로 이런 일들이 자주 일어납니다.

숨어 있는 이해관계자까지 관리하라

그런가 하면 프로젝트 자체에 반대하던 타 부서의 상사가 나중에 "우리 부서는 동의하지 않았다"며 프로젝트를 무산시키려 들 수 있습니다. 사장이나 전무의 지시로 자기 부서의 직원을 프로젝트 팀원으로 보내기는 했지만 처음부터 내키지 않았기에 온갖 이유를 붙여 협력하지 않습니다. 실제로 흔히 일어나는 일입니다.

정확한 상황을 알 수 없는 프로젝트 매니저는 '그 부서 사람이 우리 프로젝트 팀원이니 별일이야 생기겠어?'라고 생각할 수 있으나 부하직원은 어디까지나 자기 상사와 한배를 탄 사람이라는 사실을 잊어서는 안 됩니다.

물론 모든 것을 프로젝트 매니저에게 일임하겠다며 권한을 양도하는 상사도 있습니다. 그러나 대부분 팀원이 속한 부서의 상사가 프로젝트에도 크게 영향을 미친다는 점을 반드시 기억해야 합니다.

따라서 프로젝트의 모든 과정을 원만하게 진행하기 위해 착수 초기부터 이해관계자를 빠짐없이 파악해야 합니다.

착수❺ 프로젝트 차터를 기록한다

이제는 차터를 작성할 차례입니다. PMBOK(프로젝트 관리 지식 체계)에서는 차터를 '프로젝트 헌장'이라고 번역하는데 쉽게 말하면 '권한 위임과 양도를 명시한 증명서'입니다.

프로젝트 매니저는 차터를 작성해서 최종결정권자에게 제출하고 승인을 받습니다. 이것은 '내가 갖고 있는 권한을 프로젝트 매니저에게 준다'는 보증과 같습니다.

일상 업무의 권한과 영역은 명확합니다. 제품이라면 제조부서 팀장, 경비에 관한 것이라면 경리부서 팀장, IT라면 시스템 부서 팀장이 권한을 가지듯이 종적 라인에서는 권한 소재가 명확합니다.

하지만 횡적으로 구성된 사내 프로젝트나 외부 조직과 개인이 함께 참가하는 프로젝트는 권한 소재가 확실하지 않습니다. 따라서 누군가에게 권한을 일괄적으로 위임할 필요가 있는데, 그 사람은 당연히 프로젝트 매니저가 돼야 합니다.

프로젝트 의뢰인이자 최종결정권자에게 "프로젝트 매니저로서 다음과 같은 권한을 위임하고 양도합니다"라고 차터를 제출하면, 최종결정권자도 "다음과 같은 권한을 일임합니다"라고 서면으로 승인합니다.

차터가 있으면 다른 이해관계자들에게도 최종결정권자에게 권한을 양도받았다는 근거로 제시할 수 있습니다. 최종결정권자에게도 프로젝트 매니저에게 다음과 같이 일임했으므로 나중에 다른 말을 해서는 안 된다고 못을 박을 수도 있습니다.

그렇다면 차터에는 구체적으로 어떤 내용을 담아야 할까요?

다음 7가지 항목은 반드시 들어가야 합니다. 프로젝트 매니저 경력을 기반으로 정리한 것인데 착수 단계에서 최종결정권자의 승인을 받아야 하는 사항입니다(따라서 PMBOK의 정의와 동일하지 않습니다).

① 프로젝트 목적·미션, 목표, 결과물

② 최종결정권자 이름, 프로젝트 매니저 이름

③ 이해관계자 목록

④ 수치로 체크할 수 있는 목표와 성공 기준

⑤ 전제 조건

⑥ 스케줄(기한)과 핵심 체크 사항

⑦ 예산

우리 회사가 운영하는 영어 학습 서포트 사업인 토라이즈와 관련해서 새로운 컨설턴트 모집을 위한 웹사이트 작성 프로젝트를 예로 들어 설명하겠습니다.

① '토라이즈 서비스는 영어 회화 업계의 벤츠입니다'라는 메시지가 전달
　될 수 있는 웹사이트를 만든다

이 프로젝트의 최종 결과물이 어떤 것인지 기록합니다. 최종결정권
자가 원하는 최종 결과물은 단순히 사람만 모으는 것이 아니라 가격
은 높지만 최고 품질의 서비스를 제공한다는 이념을 전달하고 거기
에 공감하는 사람들이 응모하고 싶은 사이트를 만드는 것입니다. 이
처럼 프로젝트가 무엇을 목적으로 삼고 어떤 목표를 달성하며 어떤
최종 결과물을 추구하는지 차터에 자세히 기록해야 합니다.

② **최종결정권자 : 미키 다케노부, 프로젝트 매니저 : 야마다 타로**

프로젝트 최종결정권자와 매니저의 이름을 적어 넣습니다.

③ **최종결정권자, 프로젝트 매니저, 인사 담당, 센터장, 웹사이트 제작 회사**

해당 프로젝트와 관련된 이해관계자들을 모두 기록합니다.

④ **목표 : 매월 컨설턴트 10명 채용 / 성공 기준 : 매월 응모자 100명**

프로젝트의 목표와 성공 기준을 적습니다.

　최종적으로는 10명을 채용하는 것이 목표이지만, 과거의 실적으
로 봤을 때 응모자 10인에 대해 채용 1명이라는 수치가 있기 때문에
매월 100인이 응모해야 목표를 달성할 수 있습니다. 이처럼 명확한
목표와 수치를 기록합니다.

⑤ 버선트 테스트 점수가 △△점 이상

프로젝트의 목적을 달성하기 위한 전제 조건을 적습니다. 버선트 테스트(Versant Test)는 스피킹 능력을 평가하는 시험입니다. 토라이즈에서는 '1년 만에 영어를 할 수 있게 된다'는 서비스를 제공하고 있기 때문에 컨설턴트도 영어 능력이 필수입니다. 그러므로 응모자가 갖추면 좋은 기술을 명기합니다.

⑥ 스케줄(기한) : 웹사이트는 10월 20일 공개 / 핵심 체크 사항 : 웹사이트 제안서를 9월 20일까지 제출

최종 마감일과 그로부터 역산해서 맞춰야 할 핵심 체크 사항을 기록합니다.

⑦ 300만 엔

맨 마지막에 예산을 명기합니다.

●   **착수 ❻ 최종결정권자에게 차터를 제출하고 승인을 얻는다**

종이에 정리한 차터를 최종결정권자에게 제출합니다. 이때 7개의 항목 중 '프로젝트 목적·미션, 목표, 결과물'에 대해 최종결정권자의 의향과 이미지를 될 수 있는 한 정확하게 파악하고 확실하게 승인받

아야 합니다. 그래야 진행 과정에서 원점으로 돌아가는 일이 발생하지 않습니다.

그러기 위해서는 대략적이라도 결과물을 전체적으로 파악할 수 있는 자료를 함께 제시하는 것이 좋습니다.

예를 들어 웹사이트를 만든다고 하면 디자인 이미지를 적용한 대략적인 손 그림, 사진이나 다양한 소재를 잘라 붙여 만든 그림을 넣어도 됩니다. 다른 회사의 웹사이트를 샘플로 보여주고 "이 사이트처럼 고급스러운 스타일로 하겠습니다"라고 하는 것도 좋습니다.

글로 표현하는 데는 한계가 있습니다. "다양한 컬러를 넣어 여성들에게 어필할 수 있는 디자인과 사용자 편의성을 높인 새로운 입력 방식을 도입한 사이트"라고 하면 구체적인 완성 이미지가 떠오르지 않습니다. 완벽하지 않더라도 한눈에 결과물을 전체적으로 파악할 수 있도록 제시해야 합니다. 그래야만 최종결정권자도 곧바로 이해하고 제출된 차터를 승인할 것입니다.

일부분만 보여주고 설명하는 것도 위험합니다.

"이 사진을 쓰는 것은 승인했지만 사이트 디자인이 이렇게 나올 것이라는 말은 듣지 못했습니다."

이 부분은 승인했지만 전체가 그런 것은 아니라는 식으로 표현해서도 안 됩니다. 그러므로 차터를 제출할 때 결과물의 전체적인 이미지도 함께 제시해야 합니다.

소프트뱅크에서 근무할 때 프로젝트 도중에 손정의 사장에게 예상하지 못했던 한마디를 듣지 않기 위해 '착수' 단계에서 가능한 전체적인 결과물의 모습을 보여주려고 애썼습니다.

'야후! BB' 프로젝트를 진행하는 과정에서 새로운 서비스를 개시할 때마다 캠페인도 펼쳐야 했으므로 서비스 양식과 제품 발주서를 한 장씩 낼 때마다 차터를 변경해야 했습니다. 그러다 결국 부작용이 발생했습니다.

손정의 사장에게 건건이 승인을 얻어야 했기 때문에 서류를 만드는 쪽도 확인하는 쪽도 사안을 누락했던 것입니다. "이런 것은 양식에 적혀 있지 않습니다. 어떻게 해야 합니까?"라고 현장에서 빈번하게 문제 제기를 했습니다.

그래서 지금까지 발생한 문제의 원인을 분석해 모든 서류를 새롭게 만들었습니다. 양식의 빈칸을 전부 채우고 전체를 조망할 수 있는 형식을 만들어서 모든 사태에 대한 대응책을 적은 다음 손정의 사장의 승인을 받았던 것입니다.

한번은 서비스 양식에 반품이 일어났을 경우 어떻게 대응하는지에 대한 내용이 없어서 실제 반품이 발생했을 때 현장이 우왕좌왕했던 적이 있습니다. 그래서 양식에 반품란을 만들어 '반품이 발생하면 지정된 상자에 넣어 회수한다'고 적었습니다. 덕분에 현장도 반품 사태에 대응할 수 있었고, 최종결정권자에게 '나는 반품에 대해서는 들은 적이 없습니다'라는 말을 듣지도 않았습니다.

최종결정권자에게 차터를 제출할 때는 부분이 아니라 전체를 보여주는 것을 철칙으로 해야 합니다. 그러고 나서 이 사안대로 하겠으니 권한을 위임해 달라는 의미로 승인을 받습니다. 차터를 주고받

최종결정권자에게 설명할 때 포인트

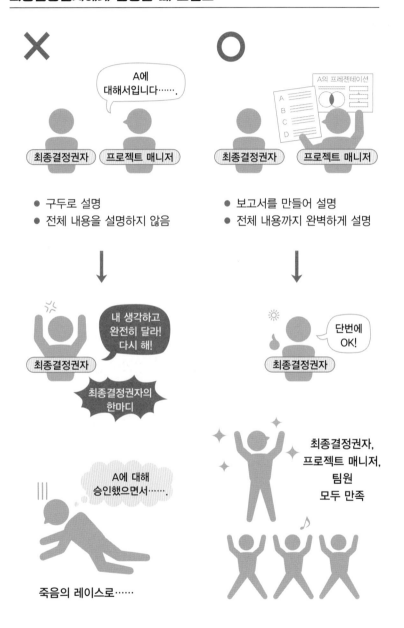

는 것은 최종결정권자와 프로젝트 매니저 사이에 계약을 맺는 것과 같습니다. 그래야 프로젝트 중간에 최종결정권자에게 예상하지 못한 문제 제기를 듣지 않을 수 있습니다.

● **착수❼ 프로젝트 관계자 전원을 소집해 첫 회의를 연다**

최종결정권자와 차터를 교환한 것으로 '착수' 단계가 마무리되는 것은 아닙니다.

어떤 의미에서 가장 중요한 절차가 남아 있습니다. 바로 프로젝트 이해관계자 전원을 소집해 첫 회의를 여는 것입니다. 이때 중요한 점은 무슨 일이 있더라도 이해관계자를 모두 모아야 한다는 것입니다. 해당 프로젝트에 관련된 사람들이 빠짐없이 출석해야 합니다. 물론 최종결정권자도 반드시 참석해야 합니다.

이해관계자들 앞에 최종결정권자와 프로젝트 매니저가 나란히 서면 '이 프로젝트 매니저는 최종결정권자에게 권한을 일임받았다'는 사실을 모두에게 보여주는 것입니다.

프로젝트에 직접 참가하지 않는 기능 부서의 매니저나 타 부서 사람도 불러서 최종결정권자와 프로젝트 매니저의 관계를 보여주면 프로젝트 진행 도중 무책임하게 참견하는 일도 없을 것입니다.

최종결정권자가 프로젝트 매니저에게 권한을 위임했다는 사실을 모두에게 확실히 전달하기 위해서라도 첫 회의에는 이해관계자들 모두 참석해야 합니다.

첫 회의에 전원이 참석해야 하는 또 다른 이유는 '과제를 세부적으로 구분'하기 위해서입니다.

"이 프로젝트를 진행하는 데 있어서 불안하거나 걱정되는 점이 있으면 무엇이든 말씀해 주십시오."

이렇게 말하면 프로젝트를 반대하는 사람들은 "이런 방식으로는 성공할 수 없다"거나 "이렇게 해서는 기한을 맞출 수 없다"는 의견을 낼 것입니다.

이런 의견들이 프로젝트 매니저에게 큰 도움이 됩니다. '그 부분만 개선하면 이 사람이 나중에 방해하지 않겠구나'라는 것을 알 수 있기 때문입니다.

회의에 참석하는 사람을 프로젝트에 끌어들이는 장점도 있습니다. 자신도 그 장소에 있었고 이런저런 의견을 냈기 때문에 "부하직원은 그렇게 말했는지 모르지만 나는 듣지 못했다"고 면피할 수 없기 때문입니다.

가능하면 이해관계자들은 '착수' 단계의 첫 회의뿐 아니라 프로젝트 정례회의에도 출석하는 것이 좋습니다.

한편 이해관계자는 자기 영역에서 전문가이기도 합니다. 프로젝트 매니저는 전문가에게 최소한의 정보와 지식을 얻어야 하므로 이해관계자의 의견을 듣는 것이 중요합니다. 예를 들어 회사 법무·감사 부서를 첫 회의에 초대해서 "이 프로젝트를 진행할 경우 우려되는 부분은 없습니까?"라고 물어보면 매우 유의미한 정보를 얻을 수 있습니다.

이해관계자를 '불만이나 토로하는 성가신 존재'로 여길 것이 아니라 '착수' 단계부터 동료로 받아들이면 이보다 더 든든한 아군이 없습니다.

과제를 세부적으로 구분하는 것에 대해서는 3장에서 구체적으로 설명하겠습니다.

첫 회의 참석자들을 사로잡아라

마지막으로 '착수' 단계에서 프로젝트 매니저는 어떤 마음가짐을 가져야 하는지 알아보겠습니다.

프로젝트 매니저에게도 첫 회의는 의미가 남다릅니다. 모든 팀원들에게 '이 프로젝트 매니저에게 일을 맡기면 정말 성공할 수 있을까'라고 매니지먼트 능력을 평가받는 자리라고 할 수 있습니다.

첫 회의 때 '이 프로젝트 매니저는 믿음이 안 가는데'라고 생각한다면 마치 구멍 뚫린 둑이 차츰 무너지듯이 '어차피 이 프로젝트는 실패할 텐데 좀 슬렁슬렁해도 되겠네', '중간에 재작업을 할 가능성이 크니 적당히 해야겠네'라고 생각하게 됩니다.

팀원이 자신의 모든 능력을 발휘하려면 첫 회의에서 '이 프로젝트 매니저라면 성공하겠다'는 분위기를 조성해야 합니다. 최소한의 지식이라도 미리 익히거나 최종결정권자에게 권한을 위임받아 당당하게 행동할 필요가 있습니다.

팀원의 신뢰를 얻으면 이해관계자들도 기꺼이 협력하므로 프로젝트가 원만하게 진행됩니다.

'착수' 단계에서 프로젝트의 승부는 거의 결정되는 것이나 마찬가지입니다. 프로젝트 매니저는 이 점을 새겨두고 '착수' 단계를 완벽하게 진행해야 합니다.

제3장

초단기 초고속
목표 달성을 위한 노하우

'착수' 단계에서 최종결정권자와 소통하면서 프로젝트 목표를 명확하게 정했다면, 이번에는 그 목표를 초단기 초고속으로 달성하기 위해 '계획'을 세워야 합니다.

'계획' 단계에서 해야 할 일은 과제를 세부적으로 구분하는 것과 스케줄 짜기, 팀원에게 과제를 할당하는 것입니다. 모든 과제를 파악해 결과물과 담당자를 정합니다. 이 작업을 확실하게 해두지 않으면 실제로 프로젝트가 진행되는 도중에 재작업을 해야 한다거나 같은 일을 두세 번 할 수도 있습니다.

스케줄을 세운 다음 과제를 수행하는 과정에서 드러나는 필수 의존 관계에 어떻게 대응하는지도 알려드릴 것입니다.

또한 어느 팀원이 할당된 과제를 수행하지 않는다거나 예측했던 것과 다른 결과물이 나올 경우가 있습니다. 프로젝트 매니저에게 이것만큼 힘든 상황도 없습니다. 따라서 프로젝트 초기 단계에서 자주 일어나는 문제와 예방법을 제시할 것입니다.

● 계획❶ 과제를 모두 기록하고 WBS를 만든다

목표를 달성하기 위해 해야 할 과제를 모두 파악해서 각각의 담당자와 기한을 정하고, 각 팀원에게 과제를 할당하며, 전체 스케줄을 세우는 것이 '계획' 단계에서 해야 할 일들입니다.

이 단계에서 가장 중요한 부분은 모든 과제를 빠짐없이 끌어내야 한다는 것입니다.

전문적인 프로젝트 매니지먼트 용어로는 WBS(Work Breakdown Structure, 작업 분할 구도)를 만든다고 표현합니다. 프로젝트 목표를 달성하기 위해 해야 할 작업(Work)을 세세하게 분할하고(Breakdown) 분류 및 구조화(Structure)한다는 의미입니다.

WBS는 최종결정권자를 포함해 첫 회의에 참석한 모든 이해관계자들이 함께 만드는 것이 가장 좋습니다. 프로젝트 매니저가 프로젝트에 대한 모든 것을 알 수는 없기 때문에 혼자 세부 과제를 만들면 반드시 빠뜨리거나 미흡한 부분이 발생합니다.

프로젝트 매니저가 '착수' 단계에서 프로젝트 주제에 대해 최소한의 지식은 익혔다 하더라도, 개별 분야까지 파악할 수는 없고 그럴 필요도 없습니다.

프로젝트는 다양한 분야의 전문가가 모여 자신의 기술과 경험을 발휘해 하나의 목적을 달성하는 것입니다. IT라면 정보시스템 부서, 리스크 대응이라면 법무·감사 부서, 비용 관리라면 경리 부서가 잘 알 것입니다. 팀원을 포함한 이해관계자 역시 각 영역의 전문가이므로 프로젝트 매니저 혼자 생각하기보다 그들의 지혜를 빌리는 것이 훨씬 빠르고 확실합니다.

반드시 해야 할 과제를 분류·구조화한다

프로젝트 매니저를 맡으면 반드시 첫 회의에서 세부 과제를 만들어야 합니다.

맨 먼저 모든 사람에게 정방형의 포스트잇을 배부하고(전면이 접착면인 포스트잇을 추천합니다) 다음과 같이 부탁합니다.

"목표를 이루기 위해 반드시 해야 하는 과제를 모두 적어주십시오."

"지금 해야 할 과제와 앞으로 해야 할 과제, 또는 그 과제에 대처하기 위해 해야 할 일들을 모두 적어주십시오."

또한 가능한 세세하게 적어달라고 덧붙입니다.

예를 들어 '신상품 캠페인 기획서 작성'이라는 하나의 과제라도

'해야 할 일'을 세부적으로 나누는 절차

❶ 포스트잇에 '해야 할 일'을 모두 적으라고 한다

해야 할 일을
모두 적어주세요.

프로젝트 매니저

❷ 화이트보드에 붙이고 관련되는 일들끼리 모은다

A B
C D

❸ 피시본 차트로 정리한다

B D

목표

A C

그것을 수행하기 위해 상품기획부 담당자와 인터뷰, 경쟁 상품 캠페인 리서치, 캠페인 예산 확인 등이 필요하다면 그것도 포스트잇에 적어달라고 합니다.

회의 참석자 전원이 포스트잇에 할 일과 과제를 모두 적으면 그것을 화이트보드에 붙입니다. 중요한 내용이 여러 장 나왔을 때는 겹쳐서 붙입니다.

한편 관련 사항이나 서로 비슷한 것들은 한곳에 모읍니다. 예를 들어 '애플리케이션 개발 기한', '유저의 개인정보 관리' 등으로 분류해 나가면 몇 개의 포스트잇 덩어리가 만들어집니다.

그런 다음 다시 한 번 피시본 차트(fish bone chart, 생선뼈 모양의 특성 요인도)처럼 정리해 나갑니다. 피시본 차트로 정리하는 이유는 구조화하기 위해서입니다.

그러고 나서 최종적으로 참석한 전원이 다시 한 번 과제를 체크합니다. '개발 기한을 단축하기 위해 일부 업무를 외주로 넘길 수 있는지 검토할 필요가 있겠구나'라든가, '법무·감사 부서에 개인정보 관리 매뉴얼과 절차 안내서를 보내달라고 해야겠다'와 같이 새로운 과제가 발견되는 경우도 많기 때문입니다.

이렇게 해서 목표를 달성하기까지 해야 할 과제를 빠짐없이 적고 한눈에 볼 수 있는 형태로 정리하면 이미 그 시점에서 프로젝트의 70~80퍼센트는 성공했다고 해도 과언이 아닙니다.

'포스트잇'을 사용하는 이유

사람들을 모아놓고 대뜸 포스트잇에 적어달라고 하는 이유는 무엇일까요? 분위기부터 파악하느라 좀처럼 솔직한 발언을 하지 못하기 때문입니다.

사내의 다양한 직위에 있는 사람들이 한꺼번에 모인 자리에서 특히 젊은 사원들은 임원들의 눈치를 살피느라 하고 싶은 말이 있어도 하지 않는 경우가 있습니다. 하지만 종이에 적어달라고 하면 누가 적었는지 알 수 없으니 주위 사람들을 의식하지 않고 자신의 의견을 표현할 수 있습니다. 또한 포스트잇을 많이 건넬수록 그만큼 많이 적어냅니다.

포스트잇을 사용하면 말로 표현하는 것보다 훨씬 많은 과제를 파악할 수 있기 때문에 과제를 빠뜨리는 실수를 줄일 수 있다는 것도 장점입니다. 게다가 무엇보다 시간이 절약됩니다.

프로젝트는 시간과의 싸움입니다. 첫 회의를 매끄럽고 신속하게 진행하려면 세부 과제를 구분하는 과정도 빠르게 처리하는 것이 좋습니다.

소프트뱅크에서 ADSL(Asymmetric Digital Subscriber Line, 전화선을 이용한 데이터 통신) 사업인 '야후! BB' 프로젝트를 진행했을 때 서비스 개시 직후부터 100만 건이 넘는 신청이 쇄도할 만큼 선풍적인 호응을 얻었습니다.

그런데 예상치 못한 문제가 생겼습니다. 신청 건수가 갑자기 폭주해 회선 개통 공사를 감당할 수 없었던 것입니다. '신청한 지가 언젠데 아직까지 안 되는 것입니까? 대체 얼마나 더 기다려야 합니까?'라는 클레임이 끝없이 들어왔습니다.

이때 손정의 사장이 선언한 것이 '10영업일 집중 선언'입니다. 10영업일 만에 접수부터 개통까지 완수하겠다는 약속입니다.

당시 저는 프로젝트 매니저로서 '야후! BB'의 신청 접수부터 요금 부과까지 모든 흐름을 총괄하고 있었습니다. 손정의 사장의 이런 지시를 받고 사내의 영업부터 정보시스템 부서까지 관련 사원을 전부 모아서 포스트잇을 건넨 뒤 이렇게 부탁했습니다.

"10영업일 집중 선언을 실현하기 위해 해야 할 과제 또는 리스크라고 여겨지는 것들을 모두 적어주십시오!"

50명 이상이 모였는데, 순식간에 화이트보드가 포스트잇으로 빽빽이 뒤덮였습니다. 저는 그것들을 과제별로 나눠가며 세세하게 구분해 나갔습니다.

예를 들어 예산 문제의 경우 10영업일까지 개통하려면 가장 먼저 해야 할 일이 정보시스템을 늘리는 것입니다. 사내의 인원만으로는 부족하므로 외부 업자에게 의뢰할 필요가 있었지만 갑작스런 발주였기에 상당한 예산이 들 것이 자명했습니다.

그래서 손정의 사장에게 예산을 늘려달라고 요청했습니다. 결과를 말씀드리면 최종적으로 경영회의에서 예산 추가가 승인되어 시스템도 늘릴 수 있었고, '10영업일 집중 선언'을 실현할 체계도 마련됐습니다.

손정의 사장이 '10영업일 집중 선언'을 언급한 것이 2001년 연말이었고, 다음 해 1월 28일에 공식적으로 선언했습니다. 두 달이 조금 안 되는 단기간에 이만한 프로젝트를 진행할 수 있었던 것은, 초기 단계에서 관계자 전원을 모아놓고 신속하게 세부 과제를 구분했기 때문입니다.

포스트잇을 이용한 과제 구분이 얼마나 엄청난 힘을 갖고 있는지 알 수 있을 것입니다.

● **계획❷ 결과물은 반드시 명사로 정의한다**

세부적인 과제를 구분했다면 그다음으로 해야 할 일은 각 과제의 결과물을 정의하는 것입니다. 여기서 중요한 것은 '명사'로 정의해야 한다는 점입니다.

'경쟁사 고객 만족도 조사 리포트', '애플리케이션 서비스 양식' 등 반드시 명사로 정의합니다.

흔한 실패 패턴이 동사로 결과물을 정의하는 것입니다. '경쟁사의 고객 만족도를 조사해 주십시오'라고 전달했는데 기한이 다 되어도 결과물이 나오지 않습니다. 담당자에게 확인하니 "조사했습니다. 그런데 아직 보고서로 정리하지 않았습니다"라는 대답이 돌아오는 경우가 비일비재합니다.

처리 중이거나 검토 중인 과제가 늘어나면 그 지점에서 프로젝트

결과물은 '동사'가 아니라 '명사'로 정의한다

예) 일주일까지 A경쟁사의 고객 만족도를 알고 싶은 경우

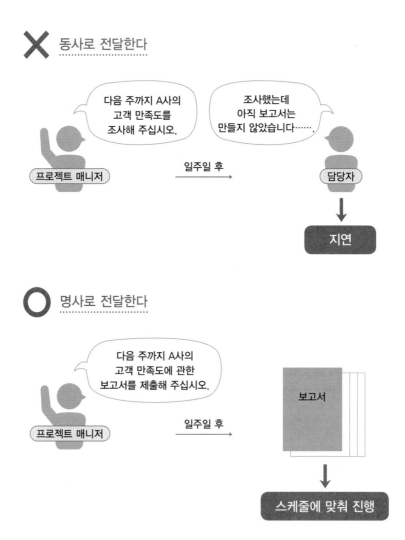

는 멈추고 기한까지 과제를 끝낼 수 없습니다.

업무를 스케줄대로 진행하기 위해서는 결과물을 명사로 명확하게 정의하고, 프로젝트 매니저가 완결되었다는 것을 확인해야 '완료'된 것임을 규칙으로 정하고 철저히 지켜야 합니다. 그렇게 해야 다음 '실행' 단계에서 스케줄이 지연되지 않고 프로젝트가 원활한 속도로 진행됩니다.

●   **계획❸ 개별 과제의 담당자와 기한을 명시한다**

결과물을 명사로 정의한 다음에는 개별 과제의 담당자를 정합니다. 그런데 실제로는 담당자를 정하지 않으려고 하는 회사와 조직들이 적지 않습니다. 담당자를 지정하면 책임 소재가 확실히 드러나기 때문입니다.

지금까지 저는 다양한 기업과 공공기관의 프로젝트 어드바이저로 참여했는데 규모가 큰 조직일수록 담당자를 정하려 하지 않는 경향이 있었습니다.

프로젝트 진행 관리표인 갠트 차트(gantt chart)를 만들고서도 담당자란은 비워두는 조직도 많습니다. 적혀 있다 하더라도 개인 이름이 아니라 부서명인 경우도 적지 않았습니다. 이 부서의 누가 담당자인지 명확하게 정하지 않는 것입니다. 어느 한 사람이 책임지는 것을 원치 않기 때문입니다.

담당자가 명확하게 정해지지 않으면 프로젝트가 지연되지 않고 순조롭게 진행될 수 없습니다. 하나하나의 과제가 완료되어야 전체 프로젝트가 진행되므로 각각의 과제를 누가 책임지는지 반드시 명확하게 정해야 합니다.

과제마다 담당자를 반드시 정해서 관리 시트나 가이드 차트에 남겨야 하며 부서명이 아니라 개인 이름으로 기재하는 것이 절대 조건입니다. 자신에게 책임이 있다고 인식하면 누구라도 약속을 지키려 합니다.

어떤 의미에서 볼 때 프로젝트는 약속의 묶음이라고 할 수 있습니다. 모든 사람이 그 약속을 지키도록 하는 것이 프로젝트 매니저의 역할입니다. 개인 담당자를 정하는 것은 그 역할을 완수하기 위한 필수 조건입니다.

담당자가 정해졌다면 각각의 과제를 처리하는 데 시간이 얼마나 걸릴지 물어봅니다. 프로젝트 매니저가 잘 모르는 작업일 경우 필요한 공정이 무엇인지, 얼마나 걸릴지 등을 담당자에게 물어봐야 합니다. 담당자가 가능하다고 하는 기간을 바탕으로 소요 시간을 예측합니다.

'이 사람이 예측한 기간이 맞을까' 하고 깊이 생각할 필요는 없습니다. 기한 역시 약속이므로 담당자는 반드시 그것을 지키려고 할 것입니다.

물론 만만하게 예측했다가 기한을 지키지 못하는 팀원도 있습니다. 반대로 담당자가 여유 있게 진행하고 싶어서 실제로는 일주일이면 충분한 과제를 2주일 정도 걸린다고 하는 경우도 있습니다.

이것은 담당자의 성격과도 관련되므로 프로젝트 매니저가 몇 번 정도 소통해 보면 알 수 있습니다. 이 사람이 일주일이라고 말하면 좀 더 걸리겠다고 조정해 두면 됩니다.(약속 기한을 지키게 하는 노하우는 112쪽 참고)

● **계획④ 과제 간의 불필요한 의존 관계를 끊는다**

개별 과제에 대한 조정과 담당자가 정해졌다면 '과제 간의 의존 관계'를 확인해야 합니다. 앞의 공정이 끝나야 비로소 다음 공정으로 진행할 수 있는 과제들이 있습니다.

예를 들어 기획부가 서비스 양식을 만들지 않으면 정보시스템부가 웹사이트 설계를 시작할 수 없다든가 현장에서 서비스를 판매하기 위한 오퍼레이션 시스템이 구축되지 않는 경우입니다.

이러한 의존 관계가 5개 또는 10개까지 겹치는 경우도 있습니다. 그 공정이 늘어지면 프로젝트 전체의 기한도 늦어집니다. 바꿔 말하면 프로젝트를 완료하기 위해 반드시 거쳐야 하는 중요한 공정이라는 뜻입니다.

이처럼 프로젝트 전체의 기간을 결정짓는 '결합된 중요 과제들'을 크리티컬 패스(critical path, 최상 경로)라고 부릅니다. 그 경로에서 어느 한 과제가 지연되었는데 필요한 조치를 취하지 않으면 프로젝트 전체가 지연되고 최악의 경우 기한을 맞출 수 없습니다.

예를 들어 서비스 양식 작성, 새로운 웹사이트 개발, 팸플릿 인쇄 3가지를 완수하는 마케팅 프로젝트가 있습니다. 웹사이트 개발(3개월 소요)과 팸플릿 인쇄(1개월 소요)는 서비스 양식이 확정된 시점에서 시작할 수 있습니다.

프로젝트 매니저는 서비스 양식이나 웹사이트, 팸플릿 모두 신경 써야 하지만 크리티컬 패스만 파악할 수 있으면 하나의 과정에 집중할 수 있습니다. 여기서는 '서비스 양식 확정 → 웹사이트 개발'이 크리티컬 패스입니다. 왜냐하면 프로젝트 전체 기간을 결정하는 경로

크리티컬 패스를 중점적으로 관리하자

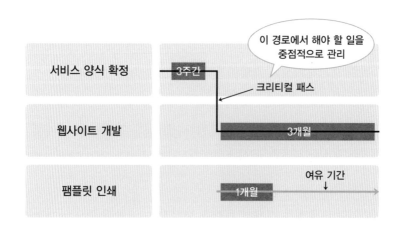

서비스 양식 확정 3주간
이 경로에서 해야 할 일을 중점적으로 관리
크리티컬 패스

웹사이트 개발 3개월

팸플릿 인쇄 1개월 여유 기간

이기 때문입니다.

서비스 양식이 확정되지 않으면 웹사이트와 팸플릿도 제작할 수 없습니다.

그런데 웹사이트 개발에 걸리는 시간과 팸플릿 인쇄에 걸리는 시간에는 차이가 있습니다. 웹사이트 개발에 3개월, 팸플릿 인쇄에 1개월이 걸리므로 팸플릿 인쇄 스케줄이 조금 늦어져도 웹사이트 개발이 종료될 때까지는 충분히 맞출 수 있습니다. 그러므로 프로젝트 매니저는 팸플릿 인쇄를 위한 스케줄 관리에 크게 신경 쓰지 않아도 됩니다.

한편 서비스 양식 확정이 늦어지거나 웹사이트 개발이 늦어지면 프로젝트 전체가 지연됩니다. 이런 경우 프로젝트 매니저는 '서비스 양식 확정 → 웹사이트 개발'이라는 크리티컬 패스의 스케줄 관리를 집중적으로 해야 합니다.

이 경우에는 수행해야 할 과제의 수가 적기 때문에 크리티컬 패스도 심각하지 않습니다. 하지만 대규모 프로젝트는 몇십 개 또는 몇백 개의 과제를 수행해야 합니다. 따라서 그 모든 것에 주의를 기울이고 관리하기란 현실적으로 불가능합니다.

그런 경우에도 크리티컬 패스 지점에서 공정이 늦어지지 않도록 신경 쓴다면 전체 스케줄도 효율적으로 관리할 수 있습니다. 다시 말해 프로젝트 매니저가 융통성 있게 전체를 관리하기 위해서라도 반드시 크리티컬 패스가 어느 지점인지 파악해야 합니다.

의존 관계를 잘라내면 동시 진행을 할 수 있다

과제 간의 불필요한 의존 관계를 끊어내는 것도 꼭 필요한 매니지먼트 기술입니다.

프로젝트 팀원이 "이 부분이 결정되지 않으면 우리가 일을 할 수 없습니다!"라고 보고하는 것이 과제 간의 의존 관계입니다.

하지만 자세히 살펴보면 의존 관계가 아닌 것도 많습니다. 예로 들었던 서비스 양식 확정과 웹사이트 개발도 자세히 보면 결합되는 부분과 그렇지 않은 부분으로 나눌 수 있습니다.

소프트뱅크에서 프로젝트 매니저 업무를 할 때도 서비스기획부가 사이트 신청 화면의 입력 항목을 지정해 주지 않으면 정보시스템 담당자가 제작을 시작할 수 없다고 보고한 적이 있습니다.

이름, 주소, 성별, 연령 등 사용자가 입력해야 할 항목이 무엇인지 빨리 정해 달라는 뜻입니다. 하지만 서비스기획부 입장에서는 중요한 부분이기 때문에 졸속으로 정할 수 없었습니다.

그래서 정보시스템부와 회의한 결과 항목의 개수만 정해지면 신청 화면 설계를 시작할 수 있음을 알게 됐습니다. 일단 10개 항목으로 설계해 두고 실제로는 8개 항목만 쓰더라도 문제되지 않는다는 대답을 들었습니다.

그다음에는 서비스기획부 담당자에게 대략 몇 개의 항목이 필요한지 물었더니 10개가 넘을 일은 없다고 했습니다. 그렇게 해서 정보시스템 담당자에게 10개 항목으로 설계하도록 지시를 내렸습니다.

이처럼 서로 의존 관계에 있는 과제를 떨어뜨려놓는 것도 프로젝

관련 부서에 의존하는 상황을 만들지 마라

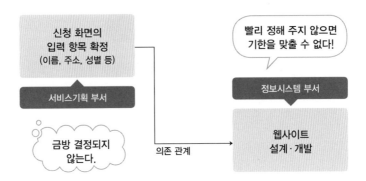

프로젝트 매니저가 정보시스템 부서와 상의한다

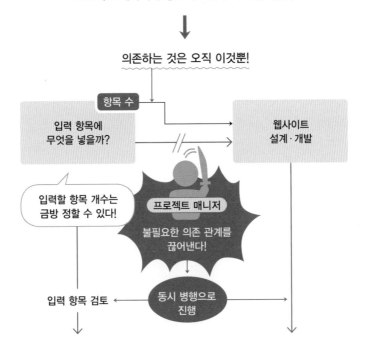

대표적인 프로젝트 관리 툴

마이크로소프트 프로젝트(Microsoft Project)

프로젝트 관리 툴의 베스트셀러. 소프트뱅크에서 일할 때 자주 사용한 것으로 사용 방법을 해설한 책도 많다.

트 매니저의 역할입니다. 그렇게 하면 앞 공정이 끝날 때까지 기다리지 않고 각각의 부서가 동시 진행을 할 수 있습니다.

프로젝트 관리 소프트웨어 마이크로소프트 프로젝트(Microsoft Project)는 간단한 숫자만 입력해도 크리티컬 패스가 어디인지 눈으로 확인할 수 있습니다. 대규모 프로젝트에 적합한 프로그램인데, 클라우드판을 30일 동안 무료로 써보면 크리티컬 패스가 무엇인지 이해하기 쉬울 것입니다.

● **계획⑤ 프로젝트 전체의 스케줄을 짠다**

프로젝트 스케줄 관리에는 갠트 차트가 많이 쓰입니다. 원래 갠트 차트는 공장의 생산관리에 쓰였던 진행표입니다. 가로축에 시간을, 세로축에 과제와 담당자 등을 적어 개별 공정의 진행 상황을 알 수 있도록 구성되어 있습니다.

그러나 저는 갠트 차트로 스케줄 관리를 하는 것을 권하지 않습니다. 보기에는 좋지만 실제로 사용하기 쉽지 않기 때문입니다.

프로젝트 '착수' 단계라면 한 번쯤 갠트 차트를 만들어 과제 관리와 자원 배분을 살펴봐도 좋지만 프로젝트가 진행되는 중에는 갠트 차트로 진행 상황을 관리하려면 불편한 점이 많습니다.

실제 현장에서는 예정대로 진행되지 않는 경우가 많습니다. 하나의 과제가 진행 도중 2개로 나눠진다든가 완전히 별개의 과제라고 여겼는데 알고 보니 의존 관계였다든가 하는 생각지도 못한 변수가 일어납니다. 갠트 차트로는 이런 변수에 대응할 수 없습니다.

프로젝트에 참가하는 사람이 자신의 공정만을 업데이트하는 데 쓴다면 상관없지만 프로젝트 매니저가 전체를 통합해서 하나의 갠트 차트로 관리하기는 어렵습니다. 많은 사람들이 참가하는 대규모 프로젝트에는 갠트 차트를 관리하는 전임자가 따로 있습니다.

하지만 그런 비용을 들일 만큼 여유 있는 프로젝트는 거의 없습니다. 게다가 프로젝트 성격의 일상 업무라면 갠트 차트는 필요하지 않습니다.

그렇다면 관리하거나 변경하기 쉽고 효율적인 도구는 없을까요?

제가 권하고 싶은 것은 프로젝트 매니지먼트 시트입니다. 다음 페이지의 양식을 보면 알 수 있듯이 매우 간단하게 구성되어 있습니다.

과제명, 결과물, 기한, 담당자를 기입하는 난에 해당 내용들을 채우기만 하면 됩니다. 앞에서 말한 대로 결과물을 명사로 기입하고, 담당자는 반드시 개인 이름을 적어 넣어야 한다는 원칙만 지키면 나머지는 누구라도 쉽게 활용할 수 있습니다.

프로젝트 전체의 스케줄과 진행을 관리해야 하는 프로젝트 매니저가 서류 작성에 들이는 시간을 줄일 수 있다는 것만으로 큰 장점입니다. 이 시트를 주간 정례회의 때마다 갱신하면서 전원이 공유하면 누가, 언제까지, 무엇을 하는지 최신 상황을 한눈에 알 수 있습니다.

일주일에 한 번 정례회의에서 시트를 업데이트하고 그것에 맞춰 팀원 각자 기한까지 결과물을 냅니다. 그다음 주 정례회의에서 시트

프로젝트 매니지먼트 시트

관리 시스템 업데이트 프로젝트

작성일 : 2018년 8월 21일   작성자 : 야마다 타로

과제	결과물	기한	담당자
관리 시스템 인터뷰	인터뷰 대상자 질문 항목 리스트	9월 5일	나카무라
	인터뷰 리포트	9월 12일	나카무라
시스템 회사 선정	결정 가능한 시스템 회사 리스트	9월 19일	기무라
업데이트 항목 결정	업데이트 후보 리스트	9월 19일	다나카
본부장 결재	제안서 본부장 승인	9월 26일	야마다
양식 결정	발주할 수 있는 사내 확정 양식	10월 3일	오사와

를 다시 업데이트하고 또 각자 기한까지 결과물을 내는 사이클을 반복하면 프로젝트는 정체되거나 밀리는 일 없이 진행됩니다.

즉, 프로젝트 매니지먼트 시트는 프로젝트가 스케줄대로 움직이게 하는 추진력의 원천입니다.

과제는 일주일 단위로 나눈다

과제는 일주일 동안 할 수 있는 분량이면 됩니다. 모든 팀원이 자신에게 주어진 과제를 기한까지 완수하면서 전체 프로젝트가 진행되려면 개별 업무 담당자가 기한까지 확실히 끝낼 수 있는 분량으로 작게 쪼개야 합니다.

큰 분량을 주고 한 달 동안 해내라고 하면 일정 분배가 힘들어서 기한까지 끝내지 못하는 사람이 반드시 나오게 마련입니다. 그 사람이 일주일 동안 할 수 있는 분량으로 과제를 작게 잘라주면 큰 문제가 없는 한 기한까지 해낼 수 있습니다.

경험이 적은 신입사원이라도 일주일 동안 검토 후 보고서를 제출하라는 과제가 주어지면 스케줄을 세우고 진행할 수 있습니다. "이 서류를 다음 주 월요일에 제출하려면 이번 주 수요일까지는 자료를 모으고 목요일 중에 초안을 잡은 뒤 금요일까지는 완성해야겠구나"라고 생각하는 것입니다.

어미 새가 아기 새에게 먹이를 줄 때는 작게 잘라서 입에 넣어주는 것에 비유할 수 있습니다. 팀원이 무리 없이 진행할 수 있도록 각자의 경험과 역량에 맞춰 과제를 작게 나눠서 배분하는 것도 프로젝트 매니저의 중요한 역할 중 하나입니다.

스케줄에 시간 여유를 두지 않는다

시간 여유를 두고 스케줄을 세우면 사람들은 그만큼 열심히 하지 않습니다.

소프트뱅크에서는 언제나 초단기 초고속으로 기한이 설정되었기 때문에 여유 시간을 두는 것을 생각조차 해본 적이 없습니다. 물론 손정의 사장도 항상 자신의 시간을 100퍼센트 풀가동했습니다.

'혹시 모르니 시간 여유를 둬야 한다'는 사람들이 많은데 여유를 두고 스케줄을 짜면 틀림없이 그만큼 늦어집니다.

"서비스 개시는 4월 1일입니다만 여유를 조금 두고 시스템 완성은 3월 15일로 하겠습니다."

이렇게 시간 여유를 두면 '중간 기점이 3월 15일이지만 최악의 경우 3월 31일까지 완성하면 되겠구나. 시스템 개시 날짜는 맞출 수 있겠네'라고 생각하게 마련입니다. 그러다 15일이 지났을 즈음 생각지도 못한 재작업 사태가 발생하면 그야말로 데드라인인 3월 31일까지 연일 철야를 하는 죽음의 레이스가 펼쳐집니다.

따라서 조금 천천히 해도 괜찮을 거라는 생각을 할 수 없을 정도로 스케줄을 세워야 합니다. 물론 프로젝트에 따라 여유 시간이 필요할 수 있겠지만 기본적으로는 전력을 다해 매진해야 합니다.

프로젝트 전체의 스케줄을 완성했다면 그것을 팀원 한 사람 한 사람에게 전달하고 기한에 관해 합의해야 합니다. 프로젝트 매니지먼트 시트를 보여주면서 이때까지 이러한 결과물을 달라고 개별적으로 약속하는 것입니다.

여기서 오해해서는 안 되는 부분이 있습니다. 바로 프로젝트 매니저는 명령하는 지위에 있지 않다는 점입니다. 프로젝트 매니저와 팀원은 상사와 부하직원 같은 상하 지휘 관계가 결코 아닙니다. 프로젝트 매니저와 팀원은 상호 약속으로 연결된 관계라는 점을 절대 잊어서는 안 됩니다.

프로젝트 팀원이 "이 기한은 맞출 수 없습니다", "예산이 부족합니다"라고 의견을 냈다면, "그럼 어떻게 하면 될까요?"라고 방법을 모색해야 합니다.

마감일을 조정한다거나 담당 업무를 좀 더 작게 나눈다거나 인력 또는 예산을 추가해야 한다면 최종결정권자와 재협상을 해서 조정하는 것이 프로젝트 매니저의 역할입니다.

프로젝트는 이러한 약속의 묶음으로 이루어져 있습니다. 규모가 크고 기간이 긴 프로젝트일수록 약속의 수가 늘어납니다. 그중 약속을 지키지 않는 팀원이 한 명이라도 생긴다면 다른 팀원들도 차츰 약속을 지키지 않을 것입니다.

'그 사람도 기한을 지키지 않는데 나 혼자 열심히 할 필요 없잖아.'

'어차피 그 사람 일이 늦어지면 내 일도 뒤로 밀리는데, 나만 기한을 정확히 맞추는 게 무슨 소용 있겠어.'

이런 생각을 하기 시작하면 결국 스케줄은 완전히 붕괴됩니다.

프로젝트가 스케줄대로 진행되려면 팀원 전원이 자신의 약속을 무조건 지킨다는 규칙을 따라야 합니다.

그러기 위한 수단이 결과물을 명사로 정의할 것, 담당자를 개인 이름으로 기입할 것, 프로젝트 매니지먼트 시트를 통해 모두와 약속을 공유하는 것입니다.

프로젝트 매니저가 누구와 어떤 약속을 했는지를 명시하고 정례회의 때마다 프로젝트 매니지먼트 시트로 약속한 결과물이 나왔는지 체크하면 됩니다.

이렇게 반드시 약속을 지키는 시스템을 만들면 다른 팀원이 열심히 하는 만큼 자신도 열심히 해야겠다는 인식이 조직 내에 퍼집니다.

과제는 작은 크기로 세분화한다

프로젝트 매니저는 팀원이 약속을 지킬 수 있도록 과제를 할당할 때 실천해야 할 것이 2가지 있습니다.

하나는 그 사람이 무리 없이 할 수 있는 크기로 업무를 세분화하는 것이고, 다른 하나는 과제 할당을 빨리하는 것입니다. 마감 기한 직전에 갑자기 과제를 할당한다면 "무리입니다", "할 수 없습니다"라고 거절하게 마련입니다.

프로젝트 매니저가 무리하게 밀어붙이면 결국 팀원은 야근과 휴일 출근을 하게 되고, 프로젝트 매니저는 신뢰를 잃을 것입니다. 앞으로 팀원과 약속을 맺기가 더 어려워질 것이 자명합니다. 프로젝트 매니저는 목표일을 역산해서 될 수 있으면 빨리 팀원에게 업무를 할당해야 합니다.

예를 들어 프레젠테이션 자료를 만드는 것이 목표라면 경쟁사의 매출 데이터 수집, 영업 담당자를 만나 소매점의 매출 동향에 대해 조사, 콘셉트 선정에 대해 프로젝트 매니저와 상의, 프로젝트 매니저가 초안과 목차 체크 등의 과제가 만들어집니다.

목표일부터 역산해서 각 과제를 완료하기까지 시간이 얼마나 걸릴지 생각한 다음 첫 과제인 경쟁사의 매출 데이터 수집부터 빨리 할당해야 합니다.

이것은 프로젝트 매니저 자신의 업무가 늘어나지 않게 하는 방법이기도 합니다.

과제를 신속하게 할당하면 팀원도 프로젝트 매니저가 지향하는 콘셉트를 빨리 파악할 수 있습니다. 이 콘셉트가 제대로 지속되는지 중간 중간 확인만 하면 최종적으로 프로젝트 매니저가 원하는 결과물이 나옵니다.

마감 직전에 프로젝트 매니저가 의도했던 것과 완전히 다른 결과물이 나온다면 어떻게 될까요? 다시 만들어야 합니다. 최악의 경우 담당자만으로는 기한을 맞출 수 없어 프로젝트 매니저까지 나서서 일을 해야 합니다.

팀원을 위해서, 그리고 프로젝트 매니저 자신을 위해서 과제는 적은 분량으로 최대한 빨리 할당하는 것이 좋습니다.

계획❼ 주 1회 정례회의를 가진다

'계획' 단계에서 마지막으로 해야 할 일은 주 1회 정례회의를 하는 것입니다. 구체적으로는 '매주 월요일 ○○시부터 ○○시까지 △△에서 회의를 합니다. 반드시 전원 참석해 주십시오'라고 처음부터 날짜를 확정합니다.

그러면 몇 번이나 스케줄 조정을 하지 않아도 되고 그날은 다른 일정이 잡혀서 출석할 수 없다며 불참하는 팀원들을 최소한으로 줄일 수 있습니다.

프로젝트 성격의 일상 업무라면 기간이 짧아서 일찍 끝날 수도 있지만, 어느 정도의 기간 동안 실시하는 프로젝트라면 주 1회의 진행 관리는 필수입니다.

일주일이라는 작은 테두리 안에서 팀원 각자 자신이 맡은 과제의 기한부터 역산해서 스케줄 관리를 하기는 쉽습니다. 2주일 후까지 끝내 달라고 하면 절대 서두르지 않습니다. 아직 시간 여유가 있으니 천천히 해도 되겠다는 생각을 하게 마련입니다.

하지만 일주일 뒤에는 반드시 제출해 달라고 약속하면 시간이 여유롭지 않기 때문에 그 과제를 챙길 수밖에 없습니다. 더욱이 갑작스런 일로 차질이 생길 수도 있으니 미리 당겨서 부지런히 하려고 할 것입니다.

프로젝트를 일정대로 끝내기 위해서는 일주일마다 진행 상황을 관리해야 합니다. '계획' 단계에서는 주 1회 정례회의를 반드시 포함해야 한다는 점을 기억해야 합니다.

제4장

무조건 성공하는
7가지 실행 비법

계획을 모두 세웠다면 그다음에는 '실행' 단계로 넘어가야 합니다. 아무리 정교하고 치밀하게 계획을 세웠다 하더라도 그대로 진행되는 경우는 드뭅니다. 프로젝트를 진행하다 보면 매일같이 스케줄이 어긋나거나 예상치 못한 분쟁이 발생하게 마련입니다.

프로젝트 매니저는 과제가 제대로 진행되고 있는지 수시로 체크해서 정체되거나 지연되는 것이 있으면 하루라도 빨리 개선책을 강구해야 합니다.

또한 회의를 어떻게 하면 잘 활용할지도 중요한 포인트입니다. 정례회의를 통해 프로젝트를 추진해 나가면 전체적인 속도와 결과물의 품질이 현격히 높아집니다. 예상치 못했던 사태가 발생하더라도 즉시 대응하고 목표를 초단기 초고속으로 달성하기 위한 경로를 새로 발견해 재설정할 수 있기 때문입니다.

최근에는 근로시간이 단축되고 재택근무도 늘어나 팀원이 한곳에 모이기가 쉽지 않습니다. 따라서 각각 다른 장소에 있더라도 회의나 정보 교환이 가능한 최신 IT 도구를 소개하겠습니다.

실행❶ 주 1회 관계자 전원이 정례회의를 가진다

'실행' 단계에서 프로젝트 매니저가 해야 할 가장 큰 업무는 주 1회 정해진 요일과 시간에 관계자를 모두 모아 정례회의를 하는 것입니다. 이것은 프로젝트 '실행' 단계에서 성패를 결정하는 생명선과 같습니다.

정례회의에서 해야 할 일은 각 팀원들이 주어진 과제를 어떻게 진행하고 있는지 확인하는 것입니다. '계획' 단계에서 작성된 프로젝트 매니지먼트 시트를 기반으로 각 과제의 결과물이 기한에 맞춰 끝났는지(또는 확실히 끝날지) 체크합니다. 지연되거나 멈춰 있다면 프로젝트 매니저는 즉시 개선책을 강구해야 합니다.

팀원 개인의 업무 방식을 수정하거나 기능 부서의 매니저와 소통해서 인력을 늘리는 등의 수단을 강구해야 할 때도 있습니다. 어떤 경우라도 일주일에 한 번은 모든 프로젝트 관련자들을 모아 최신 진행 상황을 파악하고 공유해야 합니다. 그래야 진행이 늦어지거나 정체되더라도 금방 회복할 수 있습니다.

정례회의에서는 최신 진행 상황을 근거로 해서 프로젝트 매니지먼트 시트를 업데이트합니다. 그리고 최종적으로 그다음 정례회의까지 해야 할 과제를 각 팀원과 의논합니다.

왜 관계자 전원이 모여야 하는가

'계획❼'에서 주 1회 정례회의를 해야 하는 이유를 설명했습니다. 그렇다면 관계자들이 모두 모여야 하는 이유는 무엇일까요? 한꺼번에 모든 정보를 업데이트할 수 있기 때문입니다.

'착수❶'에서 말한 것처럼 프로젝트 팀원이 많을수록 커뮤니케이션 채널 수는 급격히 늘어납니다. 따라서 팀원끼리 일대일로 정보를 주고받으면 오해나 착각 등 커뮤니케이션의 빈번한 오류로 문제가 발생하기 쉽습니다.

프로젝트 매니저가 정보의 허브 역할을 하면 좋겠지만, 각 팀원과 한 명씩 개별적으로 정보 교류를 해야 한다면 시간이나 체력적으로 무리일 것입니다. 하지만 정례회의에 모두 모이면 최신 업데이트된 정확한 정보를 한꺼번에 공유할 수 있습니다.

일대일 커뮤니케이션이라면 "A씨에게는 말해 뒀는데 B씨에게 말하는 걸 깜박했습니다"라는 상황이 종종 일어납니다. 하지만 정례회의에서는 모든 팀원에게 누락 없이 전달할 수 있습니다.

예측 밖의 사태나 문제가 발생했을 때도 정례회의에서 수시로 해결책을 모색할 수 있습니다. 사람들은 나쁜 일일수록 회피하려는 경향이 있기 때문에 직접 얼굴을 마주할 기회가 적어지면 '다음에 만나서 말하면 되겠지'라든가 '내가 좀 더 해결 방법을 찾아보고 나서 말하자'라고 안이하게 생각합니다. 그러다 결국 관련 정보가 프로젝트 매니저에게 늦게 전달되는 불상사가 일어납니다. 팀원이 주저하는 동안 문제는 점점 악화되고, 프로젝트 매니저에게 보고할 즈음에는 어떤 대책도 소용없게 됩니다.

정례회의에서 매주 결과물을 체크하면 과제가 예정대로 진행되지 않는 이유가 무엇인지 세세하게 확인할 수 있습니다. 프로젝트 매니저가 신속하게 상황을 파악해야 사태가 심각해지기 전에 조정할 수 있고 때로는 궤도 수정도 가능합니다.

이처럼 정례회의는 매우 효과적인 프로젝트 매니지먼트 수단입니다.

프로젝트 매니저가 정례회의를 어떻게 활용하는가에 따라 프로젝트 전체의 속도와 결과물의 품질이 완전히 달라집니다. 이번 장은 정례회의의 장점을 최대한 활용하면서 프로젝트를 원만하게 진행해 나갈 수 있는 노하우를 설명하겠습니다.

정례회의에는 관계자 전원 참석이 원칙이지만 프로젝트 최종결정권자가 매번 참석하기는 현실적으로 어렵습니다. 하지만 최종결정권자도 주기적으로 참가해야 합니다. 최종결정권자가 그만큼 관심을 기울이고 있다는 것을 팀원들이 느껴야 하기 때문입니다.

프로젝트가 어떻게 진행되고 있는지 최종결정권자가 지켜보고 있다면 팀원들도 업무를 소홀히 할 수 없고 조금 늦어져도 괜찮겠지 하는 안이한 생각도 가질 수 없습니다.

팀원의 마음을 다잡고 프로젝트에 대한 인식을 지속하기 위해서라도 최종결정권자가 정례회의에 자주 참석하는 것이 좋습니다.

● **실행❷ 팀원의 결과물을 반드시 확인한다**

지금부터는 정례회의에서 프로젝트 매니저가 해야 할 일을 구체적으로 설명하겠습니다.

맨 먼저 프로젝트 매니지먼트 시트를 보면서 각 팀원이 기한에 맞춰 결과물을 내고 있는지 체크합니다. 이른바 계획한 대로 진행되고 있는지 확인하는 것입니다.

일을 하다 보면 팀원이 마음대로 기한이나 결과물을 변경하는 경우가 있습니다.

'생각보다 일이 많네. 그런 만큼 제출 기한이 조금 늦어질 수밖에 없어.'

'업계 상위 10개 회사의 데이터를 정리하라고 하는데, 시간이 없으니 일단 5개 회사만 해야겠다.'

이렇게 자신의 상황에 맞춰 합의한 내용을 바꿔버리는 사람이 한

둘은 생기게 마련입니다.

프로젝트 매니저가 승인하지 않았는데도 계획을 마음대로 변경하기 시작하면 나중에는 수습하기 힘들어집니다. 이를 방지하기 위해 정례회의에서는 팀원의 행동을 모니터링할 필요도 있습니다.

계획한 대로 진행되지 않고 있다면 어떻게 해야 할까요? 우선 원인을 확실히 파악합니다.

프로젝트 전체의 진행 방향에 문제가 있거나 예산과 인력 등 자원이 부족할 경우 어떻게 대처해야 하는지는 '실행❸'에서 자세히 설명하겠습니다.

한편 명백하게 팀원 개인에게 원인이 있는 경우도 있습니다. 동기가 떨어졌거나 능력 또는 경험이 부족해서 업무를 수행할 수 없는 경우입니다.

그렇다고 프로젝트 매니저가 그 팀원의 업무 수행 동기와 기술을 키워줄 필요는 없습니다. 프로젝트 매니저에게는 인사권도 평가 권한도 없기 때문입니다. 그런 권한은 팀원이 소속된 부서의 책임자에게 있습니다. 따라서 프로젝트 매니저가 해야 할 일은 해당 부서의 책임자에게 팀원의 업무 상황을 피드백하는 것입니다.

피드백을 받은 부서 책임자는 어떤 방식으로든 대처할 것입니다. 필요하다면 프로젝트 매니저가 팀원의 교체나 증원을 의뢰하는 것도 올바른 대처법입니다.(173쪽 참고)

'착수'와 '계획' 단계를 아무리 완벽하게 마쳤다 하더라도 스케줄은 지연될 수 있습니다.

아직 지연되지는 않고 있다 하더라도 '계획' 단계에서 설정했던 기한에 맞추기 어려운 상황이 발생하는 것입니다. 지금까지 해본 적 없는 업무를 실행하는 것이 프로젝트이기 때문에 예상치 못한 사건 이 일어나는 것도 당연합니다.

중요한 것은 해당 과제가 지연되더라도 전체 스케줄에 영향을 미 치지 않도록 프로젝트 매니저가 주도적으로 조치를 강구해야 한다 는 것입니다. 특히 크리티컬 패스가 길어지지 않도록 조정하는 것이 매우 중요합니다.

과제가 지연되면 맨 먼저 해당 과제를 좀 더 세부적으로 나눠봅 니다. 크리티컬 패스 같은 민감한 과제는 '계획❹'에서 설명했듯이 의존 관계를 부분적으로 끊어낼 수 있는지 검토합니다.

'A가 완료되어야 다음 과제를 진행할 수 있으니 아무래도 빨리 진 행해야겠다. 그리고 B는 다음 과제와 관련이 없으니 기한을 늘린다. 그러면 우선 A에 모든 역량을 집중할 수 있겠다.' 이렇게 과제를 나 눠서 해결하는 것입니다.

앞에서도 예를 들었듯이 서비스 양식 작성이 지연되면서 웹사이 트 설계를 할 수 없었는데, 신청 화면의 입력 항목 수만 먼저 결정하 고 전체 웹사이트 설계를 시작할 수 있었습니다.

야근 제로를 실현하는 팁

의존 관계를 끊어낼 수 없다면 작게 나눴던 과제를 비교적 여유 있는 다른 팀원에게 할당할 수 있는지 검토합니다.

프로젝트는 팀 단위로 움직여서 하나의 목적을 달성하는 것입니다. 그러므로 스케줄 지연을 개인 문제로 보지 말고 서로 돕는 것이 중요합니다. 아무리 신속하게 진행해야 하는 프로젝트도 지연 사태를 해결하고자 팀원 모두 힘을 합치면 좋은 결과를 얻을 수 있을 것입니다.

A가 자신이 쓸 수 있는 시간에 비해 120퍼센트의 업무를 떠안고 있는 반면 B의 업무는 80퍼센트라면 과도한 상태인 A의 20퍼센트를 B가 맡는 것입니다. 그러면 두 사람 모두 자신에게 주어진 시간을 100퍼센트 쓸 수 있습니다.

누군가 힘들 때 서로가 짐을 나눠 지면 프로젝트 가동률은 100퍼센트 유지하면서도 팀원 모두 시간 내에 업무를 끝낼 수 있고 팀의 생산성도 최대로 높아집니다.

우리 회사 토라이즈는 매일 아침 정례회의에서 팀원이 그날 자신의 스케줄을 발표합니다. 그때 야근을 해야 하는 사람은 다른 직원에게 도움을 청합니다.

"오늘 오후 3시부터 30분 동안 여유가 있습니다. 그 회의 준비는 제가 하겠습니다."

"오후 4시의 예약이 취소됐기 때문에 제가 대신 고객 응대를 하겠습니다."

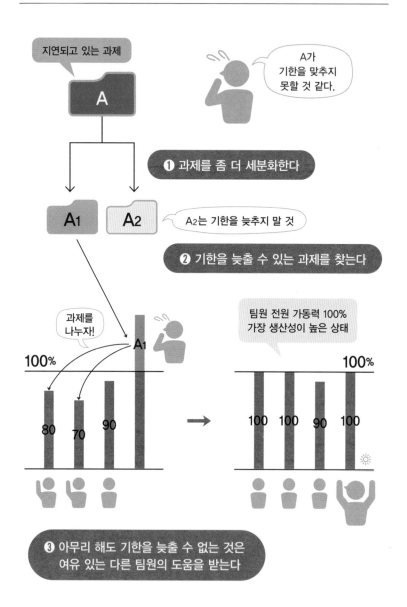

팀원들이 스스로 동료의 업무를 대신 해주는 것입니다.

또한 개인적으로 해결할 수 없는 사안이 있을 때 모두 모이는 회의 시간에 지혜를 구하고 해결책을 찾기도 합니다.

"고객으로부터 이런 문의가 있었는데 어떻게 대응해야 할지 모르겠습니다."

누군가 이런 문제를 보고하면 다른 누군가가 "그것과 비슷한 사례가 과거에 있었습니다. 이렇게 답변하면 됩니다"라고 알려줍니다. 문제를 공유하면 간단히 해결할 수도 있습니다.

우리 회사는 팀 전원의 시간과 지혜를 상향 평준화하고 100퍼센트 활용해서 전체 업무를 효율적으로 진행할 수 있었기에 추가 업무 시간이 거의 없는 근무 환경을 실현할 수 있었습니다.

작년 한 해 토라이즈 각 센터의 추가 업무 시간은 평균 월 4.08시간이었습니다. 한 달 영업일이 20일이라고 하면 하루에 12분 정도 추가 업무를 한 셈인데 실질적으로 거의 없는 것이나 마찬가지입니다.

이것은 일상 업무가 한 사람에게 집중됐을 때의 사례이지만 프로젝트에서도 과제를 분산할 수 있습니다.

추가 업무는 팀 단위로 해결한다

최근 사회적으로 큰 반향을 일으키고 있는 근무 방식 개혁에 호응하는 회사가 늘어나면서 추가 업무를 줄이려고 하는 분위기가 형성되고 있습니다. 그런데 내 업무만 빨리 끝내는 데 신경 쓰고 있는 것은 아닐까요? 다시 말해 다른 사람의 업무가 늦어지는 것은 그 사람의 책임이고 나와는 상관없는 일이라고 여기는 것입니다.

하지만 개인의 노력에는 한계가 있습니다. 필사적으로 하면 지금까지 10분 걸렸던 입력 작업이 8분으로 단축될 수는 있어도 1분 만에 해낼 수는 없습니다. 한편 동일한 작업을 10명이 분담한다면 이전과 같은 속도일지라도 1분 만에 끝낼 수 있습니다.

진정한 근무 방식 개혁이란 개인의 노력에 의존하는 것이 아니라 업무의 구조나 자원의 배분을 바꾸는 형태로 해결해야 합니다. 즉, 생산성 향상과 효율화는 매니지먼트와 관련된 문제입니다.

프로젝트 매니저는 자신의 역할을 다하고 팀원의 상호 협력을 이끌기 위한 구조와 환경을 만들어나가야 합니다.

물론 업무의 지연이 오로지 팀원 개인의 문제인 경우도 있으므로 먼저 진위를 파악해야 합니다. 하지만 개인의 노력에만 기대지 않고 팀원 모두 협력하여 문제를 해결하는 것이 가장 좋습니다.

● **실행❹ 다음 주의 결과물을 미리 확인한다**

스케줄이 지연되는 문제에 대해 조치를 취하고 재조정했다면 다음 주에 해야 할 과제의 결과물을 각 팀원들과 확인합니다. 여기서 할 일은 '계획❻'의 작업과 동일합니다.

새롭게 설정한 기한과 결과물을 제시하고 팀원 한 사람 한 사람과 이 날짜까지 완료해 달라는 약속을 합니다. 그리고 일주일 후 정례회의에서 다시 '실행❶~❹'를 실시합니다. 이것이 '실행' 단계의 기본 순서입니다.

팀원 전원과 새로운 기한과 결과물에 관해 합의했다면 정례회의가 끝날 즈음에 반드시 프로젝트 매니지먼트 시트를 최신 버전으로 업데이트합니다. 매주 정례회의에서 최신 정보를 팀원들과 공유해야 합니다. 팀원 각자 자의적으로 수정해서는 절대 안 됩니다.

"이것은 A씨가 하기로 한 것 아닌가요?" "하지만 시트에는 B씨가 담당이라고 되어 있네요?" 이처럼 팀원이 임의로 결정하면 혼란이 야기됩니다. 그리고 모두 같은 내용을 공유하지 않으면 정례회의를 하는 의미도 사라집니다.

프로젝트 매니지먼트 시트의 업데이트는 프로젝트 매니저에게 중요한 업무 중 하나이니 반드시 꼼꼼하게 관리해야 합니다.

● 실행❺ 지체 없이 문제를 해결하기 위한 회의 진행 노하우

정례회의에서 과제를 다시 할당해야 하거나 팀원의 지혜를 모아도 해결할 수 없는 과제가 발생하기도 합니다. 그런 경우에는 지체 없이 그 문제를 해결할 권한을 가진 사람을 만나야 합니다. 프로젝트 매니저 혼자 궁리한다고 해결되지 않습니다.

예를 들어 정보시스템 부서의 팀원이 담당하던 과제가 늦어지는 상황이 발생했습니다. 프로젝트 매니저는 정보시스템 부서장과 만나 맨 먼저 그쪽 인력을 프로젝트에 배분해 줄 수 있는지 알아봅니다. 곤란하다고 거절한다면 부서의 예산을 써서 업무의 일부를 외주로 보낼 수 없는지 다시 부탁합니다. 그럴 예산도 없다고 하면 이 문제는 정보시스템 부서의 권한으로도 해결할 수 없다는 뜻입니다.

프로젝트 매니저는 최종결정권자에게 상황을 설명하고 품질, 기한, 비용 중 어느 것을 우선순위로 해야 할지 판단해 달라고 요청해

즉각적인 실행으로 이어지는 회의 노하우 5가지

❶ 해당 사안의 방향을 정하는 데 필요한 권한과 정보를 가진 참가자를 소집한다.

❷ 회의 전에 의제를 명확히 정하고 참가자와 공유한다.

❸ 회의에 나온 발언을 '보고, 결정, 미결'로 나눈다.

❹ 누가, 무엇을, 언제까지 할 것인지를 명확히 정한다.

즉시 행동!

❺ 회의 맨 마지막에 전원이 회의록을 공유한다.
(회의록에는 배포처, 참석자 이름, 작성자 이름, 작성 날짜 명기)

야 합니다.

"정보시스템의 외주 예산을 받을 수 있다면 예정된 기한에 맞출 수 있습니다. 반면 현재의 예산 내에서 진행한다면 기한은 한 달 정도 연장됩니다. 예산과 기한 중 어느 쪽을 우선적으로 맞춰서 진행해야 할까요?"

이렇게 구체적으로 보고하고 최종결정권자가 판단하게 합니다. 앞에서도 말했듯이 품질, 기한, 비용의 균형은 최종결정권자가 정하는 것이기 때문입니다.

최종결정권자가 기한은 늦어져도 상관없으니 예산 내에서 하라고 하면 그대로 따르면 됩니다. 프로젝트 매니저의 권한 밖에 있는 문제는 권한을 가진 사람에게 의사 결정을 요청하는 것이 기본적인 문제 해결법입니다.

이렇게 최종결정권자 또는 정보시스템 부서장과 개별적으로 소통해서 해결되는 문제가 있는가 하면 여러 사람이 모인 공개적인 회의에서 의사 결정을 요청해야 하는 경우도 있습니다. 그 사안에 관한 권한을 가진 사람이 여러 명이거나 외부 사람을 불러 새로운 관점의 지혜를 빌려야 하는 경우입니다.

여기서 중요한 포인트는 회의에서 반드시 결론을 내리고 회의가 끝나면 곧바로 행동에 옮겨야 한다는 것입니다. 결론 없는 회의는 절대 해서는 안 됩니다.

다음은 '즉각적인 실행으로 이어지는 회의 노하우 5가지'를 소개하겠습니다. 이것은 정례회의에서도 도움이 됩니다.

즉각적인 실행으로 이어지는 회의 노하우 1
필요한 권한과 정보를 가진 참가자를 소집한다

어떤 문제에 대해 의사 결정을 하려면 권한이 필요합니다. 또한 판단의 근거 자료가 되는 정보도 있어야 합니다. 따라서 한 번의 회의로 결론까지 내리려면 권한과 정보를 갖고 있는 사람이 당연히 참석해야 합니다. 즉, 어떤 사람들이 그 회의에 출석하느냐에 따라 달라진다는 뜻입니다.

'이 건은 정보시스템과 영업 그리고 법무 부서의 각 부서장이 한자리에 모여야 판단할 수 있다.'

'이 건은 외주를 맡고 있는 시스템 회사에 정보를 부탁해야 판단할 수 있다.'

이처럼 결론을 내리려면 어떤 권한과 정보가 필요한지를 검토하고 해당되는 참석자를 정해야 합니다. 필요한 사람이 없다면 회의를 하는 의미가 없기 때문입니다. 시간 낭비를 하지 않으려면 꼼꼼히 회의 준비를 해야 합니다.

즉각적인 실행으로 이어지는 회의 노하우 2
회의 선에 의제를 명확히 정하고 참석자와 공유한다

회의에서 결정해야 할 의제를 명확하게 정하고 사전에 출석자에게 전달합니다.

또한 회의의 모두 발언을 통해 다시 한 번 동일한 내용을 참석자에게 주지합니다. 대부분의 사람들은 결론도 없이 끝나는 회의에 익숙해져 있습니다. 프로젝트 매니저는 회의의 주최자로서 이 의제에 대해 반드시 결론을 내야 한다고 강력하게 전달해야 합니다.

즉각적인 실행으로 이어지는 회의 노하우 3

회의에서 나온 발언을 '보고, 결정, 미결'로 나눈다

회의에서 온갖 발언들이 어지럽게 난무하는 모습을 본 적 있을 것입니다. 회의에서는 다양한 발언 때문에 정보의 혼란이 일어나기 쉽습니다. 더구나 동일한 발언에도 참석자가 제각각 다르게 해석하는 경우도 있습니다.

어느 부서가 과제를 맡기로 결정했는데, 다른 부서는 정식으로 듣지 못했다거나 정식 승인이 난 것은 아니라는 이야기도 나옵니다. 이러한 견해 차이가 발생하면 결국 재작업을 할 수도 있습니다.

이런 사태를 막기 위해 프로젝트 매니저는 회의에서 나온 발언을 '보고, 결정, 미결' 3가지 사항으로 나눠서 정리해야 합니다.

회의록을 정리할 때는 각 항목마다 3가지 낱말 중 하나를 반드시 기록합니다.

보고 : 기간 한정 캠페인에 의한 신규 고객 창출 수 1만 8천 명

결정 : 캠페인 기간 연장(올해 6월 30일까지)

미결 : 기간 연장에 따른 예산 승인

이렇게 하면 나중에 기간 연장이 결정되었다는 이야기를 들은 적

이 없다고 말할 수 없습니다.

　또한 미결 사항이 가능한 빨리 결정되도록 새로운 회의를 마련해야 합니다.

즉각적인 실행으로 이어지는 회의 노하우 4
누가, 무엇을, 언제까지 할 것인지 명확히 정한다

프로젝트 매니저가 최종적으로 누가, 무엇을, 언제까지 할 것인가를 명확히 정해야 합니다. 이 방법은 프로젝트 정례회의뿐만 아니라 다른 회의에서도 마찬가지입니다.

　또한 회의록에는 프로젝트 매니지먼트 시트처럼 결과물, 담당자 이름, 기한도 기록합니다. 이 3가지가 명확하지 않으면 아무도 움직이지 않습니다. 어떤 회의든 종이 시트에 기입하고 공유해 팀원들이 직접 눈으로 확인해야 합니다.

즉각적인 실행으로 이어지는 회의 노하우 5
회의 맨 마지막에 전원이 회의록을 공유한다

그렇다면 회의록은 회의가 끝난 다음에 배부하는 것일까요? 회의에서 결정된 것을 곧장 행동으로 옮기려면 회의와 동시에 회의록이 작성되어야 합니다.

　지금은 회의 중에 회의록을 만들 수 있는 프로그램이 다양합니다. 적은 내용을 그대로 인쇄할 수 있는 화이트보드가 있다면 금상첨화일 것입니다. 프로젝트 매니저가 회의를 진행하면서 결정된 것을 곧바로 화이트보드에 적고 맨 마지막에 출석자 전원이 그 내용을 확인한 다음 인쇄 버튼을 누르면 곧바로 회의록이 완성됩니다.

좀 더 자유로운 형식을 원한다면 화이트보드를 스마트폰으로 촬영해서 이메일로 팀원에게 전송하는 방법도 좋습니다. 또는 PC로 입력한 회의록을 프로젝터로 비추면서 내용을 확인하고 추가로 결정된 것을 그 자리에서 입력하고 인쇄하는 방법도 있습니다.

프로젝트 매니저는 회의에 집중하고 회의록은 다른 사람이 맡아서 최종적으로 전원이 확인하는 방법도 있습니다. 어떤 방법이든 회의가 끝났을 때 회의록을 공유해야 합니다.

회의록에는 배포처, 참석자 이름, 작성자 이름, 작성 날짜를 명기합니다. 회의에서 결정된 사안을 참석자만 공유해도 되는지, 아니면 최종결정권자나 부서장에게도 배포해야 하는지에 따라 참석자의 의식이 달라집니다. 최종결정권자도 본다면 기한을 반드시 지키려 할 것이므로 회의록 배부처를 확실히 정해서 기입합니다.

출석자명을 기재하면 어떤 권한과 정보에 기반을 두어 의사 결정이 이루어졌는지 확인할 수 있습니다. 누군가 "우리 부서는 들은 적 없다"는 발언을 하면 "부서장의 대리로 과장이 출석해서 승인했습니다"처럼 당당히 대응할 수 있습니다.

작성자명과 작성 날짜는 언제, 누가 작성했는지 책임 소재를 명확하게 하기 위한 것입니다. 이것은 회의록 작성의 기본 중의 기본인데도 의외로 간과하기 쉬우니 반드시 명심합니다.

이번에는 의미 있고 효율적인 정례회의를 위한 편리한 프로그램들을 소개합니다.

프로젝트를 원만하게 진행하려면 정례회의 자체의 생산성을 높여야 합니다. 특히 최근에는 근무 방식이 다양해져서 관계자 전원이 한곳에 모이기가 쉽지 않습니다. 육아 때문에 근무 시간을 단축하거나 재택근무를 하는 사람들도 있는가 하면 지방이나 해외에 주재하

온라인 회의에 편리한 IT 프로그램

줌 ▶ https://zoom.us

음질과 화질이 뛰어나고 접속도 안정적이며 최대 100명까지 동시 접속이 가능하다. 회의 참가자는 계정을 등록할 필요가 없으며 클릭 한 번으로 즉시 접속할 수 있다. 참가자 전원이 기록할 수 있는 온라인 화이트보드 기능, 화면 공유 기능이 있고, 버튼 하나로 녹화도 가능하다.

뮤럴 ▶ https://mural.co

온라인 공유 화이트보드. 사진이나 텍스트를 원하는 곳으로 드래그하는 기능이 있다. 세부 과제 짜기나 브레인스토밍을 하고 싶은데 팀원이 모일 수 없는 상황에서 제 역할을 톡톡히 한다.

는 팀원이 회의에 참가할 수도 있습니다.

그럴 때는 다음에 소개하는 프로그램을 활용합니다.

줌

줌(zoom.us)은 각각 다른 장소에 있는 팀원을 하나로 연결해서 편리하게 회의할 수 있는 온라인 화상회의 시스템입니다.

PC나 태블릿, 스마트폰이 있으면 얼마든지 회의에 참여할 수 있는데 최대 100명까지 동시 접속이 가능합니다. 스카이프로 연결하는데 뛰어난 음질과 화질은 물론 접속도 안정적입니다. 파워포인트나 화이트보드를 공유하는 것은 물론 회의하면서 기록할 수도 있습니다.

물론 회의 참석자들은 무료로 이용할 수 있습니다. 관리자는 유료 계정을 만들면 더욱 편리한데 비용이 월 15달러로 매우 저렴합니다.

이 프로그램 덕분에 재택근무를 하거나 다른 지역에 있는 팀원도 정례회의에 빠지지 않고 참석할 수 있습니다. 필요한 외부 비즈니스 파트너와 거래처 사람도 회의 참석이 가능합니다.

참석자가 회의 장소로 이동할 때 드는 시간을 줄이고 프로젝트의 효율을 높이기 위해서는 이 프로그램을 적극적으로 활용하는 것이 좋습니다.

채트워크

채트워크(chatwork)는 일대일 대화뿐만 아니라 그룹 대화도 가능하며 파일 공유와 과제 관리에도 효율적인 프로그램입니다.

과제를 상대방에게 의뢰하거나, 의뢰받은 상대방이 과제를 완료 했는지 확인할 수 있는 기능도 있어 프로젝트 매니저가 업무를 할당 할 때도 편리합니다.

그룹 대화 프로그램을 사용하면 같은 프로젝트 안에서도 시스템 에 관한 정보 공유는 A그룹, 유저 대응에 관련한 정보 공유는 B그룹 식으로 과제별로 나눠진 팀원과 의논하고, 보고, 연락, 상담까지 가 능합니다.

메일로 소통하는 회사가 많겠지만 하루에 몇 번이나 메일을 주고

기업 채팅 서비스 프로그램

채트워크 ▶ http://go.chatwork.com

사내 커뮤니케이션은 메일을 주고받는 것보다 대화 프로그램을 이용하는 것 이 훨씬 빠르다. 일본에서 개발된 채트워크는 프로젝트나 안건마다 개별 그룹 을 만들어 팀원끼리 정보 공유·교환이 가능하다. 회의록도 공유할 수 있다.

슬랙 ▶ http://slack.com

미국에서 개발된 비즈니스 대화 프로그램이다. 참고로 슬랙은 소프트뱅크 그 룹의 비전펀드 등을 통해 2억 5천만 달러(약 2900억 원)의 출자를 받아 화제 가 된 적 있다.

받는 것은 단언컨대 시간 낭비입니다. 적어도 프로젝트에서 메일은 될 수 있으면 짧게 합니다. 복잡하게 얽힌 것은 반드시 직접 만나거나 전화로 합니다. 손정의 사장은 '메일은 3회 이상 주고받지 말라!'고 강조한 적이 있습니다.

● 실행❼ 최종 성과물을 최종결정권자에게 전달하고 프로젝트를 평가한다

무사히 프로젝트를 완료하는 것으로 끝난 것일까요? 아닙니다. 최종적으로 반드시 해야 할 일이 있습니다. 바로 최종결정권자에게 전달하는 과정과 프로젝트에 대한 평가입니다.

프로젝트가 끝나면 프로젝트 매니저가 책임을 지고 보고서와 회의록 등을 포함한 모든 성과물을 최종결정권자에게 전달합니다.

성과물에는 프로젝트를 수행하며 얻은 귀중한 지식과 노하우가 담겨 있습니다. 따라서 다음에 이와 비슷한 프로젝트를 실행할 때 도움이 될 수 있도록 잘 보관해야 합니다. 그렇게 하면 다음 프로젝트를 할 때는 맨 처음부터 시작하거나 시행착오를 겪지 않고 과거의 경험을 살려서 더욱 효율적이고 초고속으로 목표를 달성할 수 있습니다. 성장이 멈춘 기업은 이런 자산 관리조차 제대로 하지 않기 때문입니다.

엄청난 노력을 쏟아가며 프로젝트를 수행했는데 그 경험이 조직 안에 '지식'으로 축적되지 않는다면 마치 같은 장소를 빙글빙글 도는 쳇바퀴와 다를 것이 없습니다. 프로젝트 실적을 조직의 성장으로 연결하기 위해서라도 반드시 모든 성과물을 최종결정권자에게 제출해야 합니다.

프로젝트에 대해 평가하는 것도 잊지 말아야 할 과정입니다. 무엇이 성공이고 무엇이 실패였는지를 되돌아보는 것도 다음 프로젝트를 위한 자산이 되기 때문입니다.

팀원이나 관계자에게 올바른 피드백을 받는 방법으로 앙케트 조사가 있습니다. 또한 피드백을 받았다면 프로젝트에서 배운 점과 경험을 문서로 정리합니다. 문서 형식으로 정리하면 개인적 경험과 지식을 다른 사람들과 공유할 수 있습니다.

프로젝트를 통해 얻은 지식을 개인의 무형 자산으로 삼기보다 조직 전체를 위한 자산으로 활용하려는 자세가 필요합니다. 프로젝트 매니저를 맡았던 사람이 프로젝트 매니지먼트 전문가로 성장해 다른 회사에 영입된다면 조직에 어떠한 노하우도 남지 않습니다.

팀원의 업무 공헌도를 상사에게 보고한다

프로젝트 매니저는 팀원의 업무 자세나 공헌도에 대해 해당 부서장에게 피드백하는 것도 잊지 말아야 합니다.

특히 좋은 평가일수록 명쾌하게 부서장에게 전달합니다. 그 팀원에게 이런 능력이 있었다거나 이런 상황에서 이렇게 팀에 공헌했다는 긍정적인 평가를 전해서 그 팀원의 근무 평가에 반영되도록 합니다. 프로젝트 매니저가 높게 평가했다는 것을 알면 신뢰가 더욱 커질 것이고, 또 다른 프로젝트를 진행할 때 기꺼이 협력할 것입니다.

제5장

예상치 못한 문제를 해결하는
생생한 노하우

프로젝트 업무 기술은 특별한 프로젝트는 물론 프로젝트 성격의 일상 업무에서 실천하면 생산성이 놀랄 만큼 향상됩니다.

한편 실제 현장에서는 기본 방법만으로 대응할 수 없는 예상치 못한 사태나 분쟁이 일어나곤 합니다. 거의 매일 문제가 발생한다고 해도 과언이 아닙니다. 경험이 많지 않은 프로젝트 매니저는 어설프게 대응하다가 몸과 마음이 모두 힘들어질 것입니다. 그렇게 되면 프로젝트 매니저는 손해 보는 역할이라는 인식이 강해져서 누구도 맡지 않으려고 합니다.

그동안 쌓은 경험을 통해 프로젝트 매니저들이 자주 고민하는 사항들이 있음을 알게 되었습니다. 프로젝트 경험이 적은 사람들에게는 예상치 못한 사태나 분쟁일 것입니다.

이번 장에서는 프로젝트 매니저들이 자주 맞닥뜨리는 고민에 대해 솔루션을 제공하고자 합니다.

빈틈없이 관리했지만 최종결정권자가 한마디 불쑥 끼어들 때는 어떻게 대처하면 좋을까요?

A 때로는 최종결정권자와 싸울 필요도 있습니다.

프로젝트 매니저는 때때로 최종결정권자에게 맞서기도 해야 합니다.

"현장의 합리적인 판단으로 결정한 것입니다."

이렇게 딱 잘라서 자신 있게, 머뭇거리지 말고 확실히 표현해야 합니다. 최종결정권자의 말이라도 확실한 근거가 없다면 강력하게 반박해야 합니다.

결국은 최종결정권자가 지시하는 대로 해야만 하는 상황이더라도 프로젝트 매니저로서 올바른 의사 결정 프로세스를 따르고 있다는 당당한 자세를 보여주어야 합니다.

소프트뱅크 역사상 손정의 사장과 큰 소리를 내면서 가장 많이 싸운 사람이 저일 것입니다.

"그거 좋은 아이디어군. 지금 당장 그걸로 해!"

"안 됩니다! 기다려주십시오! 현장은 지난번 승인된 방향으로 이미 움직이고 있습니다. 무조건 기한을 지켜야 한다면 예산과 인력을 추가해 주십시오!"

손정의 사장과 싸웠다고 표현했지만 품질, 비용, 기한을 다시 조정하지 않으면 그 아이디어는 실현할 수 없다고 교섭하는 것이었습니다.

최종결정권자의 한마디에 아무런 반론 없이 프로젝트 매니저가 "예, 알겠습니다!"라고 무엇이든 수용한다면 현장은 대혼란에 빠지고 맙니다.

물론 손정의 사장처럼 강한 추진력을 가진 리더가 있었기에 전례 없는 비즈니스가 연이어 탄생한 것은 사실입니다. 그의 한마디가 회사의 대표로서 아주 적확한 판단이었던 경우도 셀 수 없이 많았습니다. 그러나 실제 프로젝트를 수행하는 과정에서는 추진하는 사람뿐 아니라 멈추는 사람도 필요합니다.

최종결정권자의 지시가 타당한가 아니면 단순히 아이디어일 뿐인가를 따져보고 정말로 무리일 때는 상대방과 교섭하는 자세를 보여주어야 프로젝트를 원활하게 추진할 수 있습니다.

멈추는 역할을 제대로 해내지 못하는 프로젝트 매니저는 팀원의 신뢰도 얻지 못합니다.

최종결정권자의 한마디에 대처하는 법

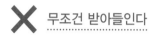 무조건 받아들인다

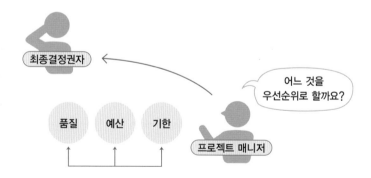 품질, 비용, 기한의 우선순위를 묻는다

"최종결정권자가 이렇게 하라고 하니 미안하지만 서둘러주십시오. 부탁합니다."

매번 이런 말로 현장을 밀어붙이는 데는 한계가 있습니다. 그런 일들이 반복되다 보면 다음부터는 절대 함께 일하지 않겠다며 하나둘 떠날 것입니다.

이보다 더 최악인 프로젝트 매니저는 불가능한 이유를 팀원 탓으로 돌리는 것입니다.

"정보시스템의 업무가 번번히 지연되어 말씀하신 기한을 맞추기는 무리일 것 같습니다."

팀원에게 책임을 전가하는 프로젝트 매니저의 결말은 역시 외톨이입니다.

기한이든 품질이든 비용이든 아무리 따져봐도 해낼 수 없는 상황이라면 프로젝트 매니저가 현장을 관리하는 책임자로서 최종결정권자에게 해결해 달라고 요구해야 합니다.

프로젝트 매니저가 최종결정권자와 싸울 때는 책임을 다하기 위해 상대방과 대결한다는 각오가 필요합니다.

 Q2 인력이 부족한데도 최종결정권자가 "요즘 사람 구하기 힘든데, 지금 인력으로 해야 하지 않을까?"라고 합니다.

A 절대 경솔하게 떠맡지 않아야 합니다. 프로젝트 매니저는 위쪽으로 공을 던질 수 있어야 합니다.

최종결정권자가 회사 내의 권력 구도에서 강한 쪽 인물이라면 우선 부딪혀볼 필요가 있습니다.

"이 정도의 공정을 지금의 인력으로 하는 것은 현실적으로 불가능합니다. 최종결정권자의 권한으로 각 부서와 다시 한 번 논의해 주십시오."

이렇게 증원을 요청하는 것이 기본 대처법입니다.

그런데 최종결정권자에게 그만한 권한이 없는 경우도 있습니다.

해당 프로젝트의 최종결정권자가 CEO라면 모든 부서에 대해 권한을 갖고 있습니다. 하지만 서비스기획 부서장이 최종결정권자라면 자신의 권한으로 정보시스템 부서의 인원을 움직이기는 쉬운 일이 아닙니다. 그런 경우 프로젝트 매니저가 정보시스템 부서장에게 증원을 의뢰해야 합니다.

"지금의 인력으로는 6개월이 걸리는데 반드시 4개월 안에 끝내야 합니다. 공정 단계를 놓고 봤을 때 현재 10명이 하고 있는 작업을 13명이 해야 기한을 맞출 수 있습니다. 그러니 이쪽으로 3명을 더 보내줄 수 있을까요?"

이처럼 프로젝트의 기한이나 공정 등을 구체적으로 제시하면서 교섭합니다.

이렇게 했는데도 안 될 경우 남는 것은 기한을 늦출 것인가 품질을 조정할 것인가 하는 것뿐입니다. 이 부분은 최종결정권자의 결정이 필요하기 때문에 다시 서비스기획 부서장과 상의합니다.

"정보시스템 부서장과 상의했는데 프로젝트 인원을 늘리기는 힘들다고 합니다. 현재의 인원으로 할 수밖에 없다면 기한을 6개월 연장하거나 아니면 4개월 후의 시점에서 베타 버전을 출시하고 그 뒤 2개월 내에 버전 업을 하는 선택지밖에 없습니다. 어느 쪽으로 진행할까요?"

이처럼 서비스기획 부서장에게 판단을 넘기는 것입니다. 즉, 프로젝트 매니저에게 날아온 공을 최종결정권자에게 다시 던지는 것입니다. 프로젝트 매니저의 권한으로 할 수 있는 모든 것을 하고 난 다음에는 최종결정권자의 책임입니다.

최종결정권자도 자신에게 공이 되돌아오면 "그럼 내가 직접 정보시스템 부서장을 만나봐야겠군" 하며 부서장끼리 교섭할 것입니다.

인력 충원은 힘드니 기한을 늘린다거나 아니면 기한은 반드시 지켜야 하니 우선 베타 버전을 내는 쪽으로 하라는 결론이 나올 것입니다. 어느 쪽으로 결론이 나든 프로젝트 매니저의 책임 밖에 있습니다.

프로젝트 매니저는 부서장끼리 결정한 사항에 따라 실행하면 됩니다. 중요한 것은 프로젝트 매니저가 자신의 권한을 넘어서는 범위까지 해결하려 들지 말라는 것입니다. 권한이 없는 프로젝트 매니저가 권한을 가진 상대방과 부딪쳐봤자 달걀로 바위 치기입니다. 프로젝트 매니저가 할 수 있는 데까지 해봤으나 긍정적인 결과가 나오지 않았다면 이젠 권한을 가진 사람에게 공을 다시 던지고 윗사람끼리 만나서 결정해 달라고 하면 됩니다.

위에서 지시하는 대로 무엇이든 다 해야 한다고 생각하지 않아야 합니다. 오히려 경솔하게 떠맡는 것이 더 위험합니다.

프로젝트 매니저는 자신이 해결할 수 없는 문제를 다시 던질 줄도 알아야 하고, 권한을 가진 사람들을 현명하게 활용할 줄도 알아야 합니다.

"이것은 프로젝트 매니저의 권한 밖의 일입니다. 그쪽에서 결정해서 알려주셔야 합니다"라며 부드럽게 공을 던지면 상대방은 결정을 할 것이고, 프로젝트 매니저는 그 결정에 따라 현장을 관리하는 데 집중하면 됩니다.

최종결정권자가 스스로 의사 결정을 내려야 나중에 혹시라도 일어날 수 있는 분쟁을 방지할 수 있습니다. 내가 생각했던 것과 다르다는 이야기가 나오지 않는다는 것입니다.

프로젝트 매니저에게 불필요한 책임이 부과되지 않도록, 프로젝트 매니저 혼자 사면초가에 빠져 허우적거리지 않도록 권한의 범위와 소재를 언제나 의식하며 일하는 것이 중요합니다.

 사장에게 차터를 제출했지만 원래부터 무리한 예산과 인원으로 하려고 했는지 승인하지 않습니다.

A 최종결정권자인 사장의 승인을 받고 진행해야 합니다. 프로젝트 매니저가 책임지는 일은 반드시 피합니다.

일단 사장을 설득하려면 객관적인 사실을 정리해야 합니다. 프로젝트의 공정을 세세하게 나눠서 어느 프로세스에 얼마만큼의 자원이 필요한지 숫자로 확실하게 제시합니다.

상대방을 설득할 수 있는 무기는 열의와 간청이 아니라 실제 수치입니다. 과거의 비슷한 사례를 참고하면 구체적인 실적치가 나올 것입니다.

또한 상황을 개선해 본다며 프로젝트 매니저 혼자 나서서 최종결정권자를 설득하는 것은 무리입니다. 예산이나 인원이 부족한 원인이 되는 부서장들과 함께 최종결정권자와 공유해야 합니다.

영업부가 무리한 기한으로 수주를 받아왔다면, 프로젝트 매니저는 영업 부서장도 있는 자리에서 준비한 수치를 제시하며 무엇이 얼마만큼 부족한지 객관적 사실을 보고합니다.

"이 상태로는 납기가 늦어져 발주처로부터 소송을 당할 위험까지 있습니다. 추가 지원을 받지 못하면 소송을 피할 수 없는데 어떻게 생각하십니까?"라고 의사 결정을 촉구합니다.

이렇게 했는데도 사장이 추가 지원을 거부한다면 소송이 일어났을 때의 책임은 사장이 지는 것입니다. 프로젝트 매니저의 책임이 아닙니다.

프로젝트 매니저와 영업 부서장 두 사람이 나름대로 대응하겠다고 나서면 어떻게 될까요? 성공하면 다행이지만 실패하면 모든 책임은 프로젝트 매니저가 지게 됩니다.

"이미 발주를 받았으니 어떻게 좀 해봅시다"라며 막무가내로 밀어붙이는 부서장에게 설득되어 프로젝트 매니저가 예산과 인력이 부족한 채로 프로젝트를 시작하는 일은 절대 없어야 합니다.

Q4 누가 봐도 성공 확률이 낮은 프로젝트를 하라고 지시합니다.

A 최종결정권자도 세부적인 사정을 알지 못합니다. 프로젝트 매니저가 바텀업(bottom-up, 세부적인 데서 출발하는 방식) 방식으로 정보를 전달해야 합니다.

아무리 검토해 봐도 성공 가능성이 희박한 프로젝트를 해내라는 지시가 떨어지면 난감한 일이 아닐 수 없습니다. 그런데 대개는 윗사람도 자세한 상황을 잘 모르기 때문에 이런 지시를 하는 것입니다. 조직 안에서 지위가 높을수록 현장에 관한 정보가 부족하기 때문에 비용이 얼마나 들고, 위험성이 얼마나 큰지 잘 모르는 경우가 대부분입니다.

이럴 때 프로젝트 매니저가 등장해야 합니다. 현장을 잘 아는 사람이 정보를 주고 품질, 기한, 비용이 적당히 맞아떨어지는 지점을 제안합니다.

맨 먼저 할 일은 이미 앞에서 살펴본 대로, 최종결정권자가 누구인지 명확히 한 다음 차터를 작성하는 것입니다. 그리고 다음과 같이 프로젝트의 목표로 삼을 만한 선택지를 추가적으로 기재합니다.

(A) 대기업 시스템 개발 회사에 외주할 경우 : 기한 1년, 예산 30억 원

(B) 자사가 개발할 경우 : 기한 1년 6개월, 예산 20억 원

그러고는 어느 것을 선택하는 것이 좋을지 최종결정권자에게 결정해 달라고 합니다.

최종결정권자가 올바른 정보를 알고 나면 이 정도 예산을 들여 프로젝트를 할 필요가 있는지 전면 재검토한다고 말할 수도 있습니다. 현실적인 정보를 수치로 제시해서 최종결정권자가 올바르게 이해할 수 있도록 합니다.

한편으로는 프로젝트의 품질을 조정하는 것도 방법입니다. 품질, 기한, 비용 3가지 요소 중에서 아무래도 기한과 비용에 온 신경을 쏟게 마련입니다. 그러다 보면 품질에 관해 최종결정권자와 합의하지 않은 채 프로젝트를 시작하는 경우가 많습니다. 그러나 기한과 비용을 우선시할수록 품질을 어떤 수준까지 맞출 수 있을지도 중요합니다.

예를 들어 새로운 사업 거점을 세우는 프로젝트를 위해 사무실을 구해야 하는데, 조건이 맞는 장소를 찾을 수 없다고 합니다. 좀처럼 장소를 결정하지 못한 채 시간은 흘러서 자칫하면 매장 오픈 날짜를 맞출 수 없습니다.

이런 경우 프로젝트 매니저가 해야 할 일은 최종결정권자와 사무실 조건에 대해 합의하는 것입니다.

"날짜를 우선적으로 생각한다면 사무실의 수준을 조금 낮춰도 되겠습니까?"

"공간 효율이 높은 셰어오피스를 찾았습니다. 일단 거기서 시작

하는 것이 어떻겠습니까?"

이처럼 사무실의 수준에 대해 최종결정권자와 소통하다 보면 의외로 간단히 승인되기도 합니다.

더욱 구체적인 정보와 함께 새로운 선택지를 제시하는 방법도 있습니다.

"야마노테센(일본의 지하철 노선)을 따라서 찾으라는 지시가 있었습니다만 주오센의 승하차객 수를 조사해 본 결과 유동 인구가 야마노테센과 비슷한 역이 몇 군데 있습니다. 주오센이라면 조건이 좋은 사무실이 몇 군데 있는데, 지역을 변경해도 되겠습니까?"

이런 말을 들으면 최종결정권자도 "그렇다면 주오센도 나쁘지 않겠군"이라고 판단하고 변경할 수 있습니다.

다시 한 번 말하지만 위에서 내려오는 지시를 무조건 그대로 따르는 것이 프로젝트 매니저 본연의 업무가 아닙니다. 프로젝트 매니저의 역할은 어디까지나 원만한 진행과 완결입니다. 현장 상황을 반영한 보고서를 최종결정권자에게 제시해 올바른 결정을 이끌어내는 것이 프로젝트 매니저의 중요한 역할입니다.

Q5 나중에 보니 상사의 상사, 또는 클라이언트 담당자의 상사가 겉으로 드러나지 않은 실질적 최종결정권자였습니다. 이렇게 실질적인 최종결정권자와 직접 접촉할 수 없을 때는 어떻게 하면 좋을까요?

A 차터를 건네서 최종결정권자가 승인했다는 증거를 남깁니다.

이 경우도 차터를 작성하면 해결됩니다. 프로젝트 매니저가 누군 가를 통해서 최종결정권자와 접촉해야 하는 상황이므로 문서가 아 닌 구두로 정보 전달을 하는 것은 위험합니다.

나중에 '말했다', '말하지 않았다'고 분쟁거리가 되지 않으려면 반 드시 문서로 전달해야 합니다.

정례회의에서 새롭게 결정하거나 변경된 것이 있다면 그때마다 차터에 적어서 중간 전달자에게 최종결정권자의 승인을 받아 오라 고 합니다.

최종결정권자가 정례회의나 다른 회의에 나올 의사가 전혀 없다 면, '최종결정권자가 차터에 승인했던 내용이 프로젝트에 대한 최종 의사 결정입니다'라는 점을 확실히 짚어두어야 합니다. 왜냐하면 평 소 최종결정권자가 회의록을 가볍게 여기다가 나중에 갑자기 그런 적 없다고 할 수 있기 때문입니다.

최종결정권자가 프로젝트에 대해 직접 코멘트를 하지 않을수록 차터를 전달해서 승인했다는 증거를 남겨야 합니다. 그렇지 않으면 나중에 최종결정권자의 한마디가 끼어들어 프로젝트는 대혼란에 빠질 수 있습니다.

프로젝트 최종결정권자가 여러 명일 경우 프로젝트 매니저
는 어떻게 대응해야 할까요?

A 최종결정권자 전원이 모여서 합의제로 의사 결정을 하는 시스
템을 만듭니다.

앞에서 프로젝트의 최종결정권자는 한 사람이어야 한다고 말했
습니다. 하지만 아무리 해도 한 사람으로 좁힐 수 없는 경우가 있습
니다.

앞에서 예로 들었듯이 일본채권신용은행(지금의 아오조라은행) 매수
프로젝트는 소프트뱅크 손정의 사장, 오릭스 미야우치 요시히코 사
장(당시), 도쿄해상화재보험 히구치 고케이 사장(당시) 세 사람이 최
종결정권자였습니다.

기업의 대등한 합병 또는 제휴 프로젝트는 각 기업의 대표자가
최종결정권자입니다.

이런 경우 프로젝트 매니저가 할 일은 정기적으로 최종결정권자
들이 모이는 정례회의를 마련하고 합의제를 통해 의사 결정을 요청
하는 것입니다.

최종결정권자가 여러 명이라 하더라도 하나의 결론에 합의한다
면 프로젝트는 원만하게 진행됩니다. 정례회의 때마다 현장에서 올
라온 의제에 대해 합의를 요청하고 최종결정권자들이 내린 결론을
반드시 문서로 만들어 공유합니다. 그렇게 하면 언제나 최신 상황에
대해 최종결정권자 전원의 승인을 얻은 것이므로 나중에 재작업을

하는 사태가 발생하지 않습니다.

당시 일본채권신용은행은 예금보험기구의 관리를 받았기 때문에 프로젝트 매니저였던 제가 일종의 대화 창구가 되어 예금보험기구와 매수 교섭을 진행했습니다. 또한 오릭스와 도쿄해상화재보험에서 파견된 프로젝트 팀원들을 횡적으로 연결해 현장에서 해야 할 일을 하나하나 결정해 나갔습니다.

현장에서 결정한 것을 최종결정권자가 전부 모인 정례회의에 안건으로 올렸고, 승인을 받으면 그대로 진행하는 과정을 반복하며 대형 프로젝트를 무사히 완수했습니다.

이 프로젝트처럼 아무리 해도 최종결정권자를 한 사람으로 줄일 수 없는 경우 먼저 운영위원회(대규모 프로젝트의 경우 의사 결정이나 이해관계를 정리하기 위한 위원회) 또는 정례회의 시스템을 만듭니다. 그다음 참가자 전원 합의를 토대로 하나의 결론을 내달라고 요청합니다.

Q7 프로젝트 팀원을 선정할 때 주의해야 할 점은 무엇일까요?

A 프로젝트와 관련된 모든 부서에 최소 한 명 이상 팀원을 보내달라고 해야 합니다. 부서 간의 소통이 원활한 팀원이면 더욱 좋습니다.

우선 기본적으로 알아야 할 것이 프로젝트 팀원으로 참여하는 사람은 소속된 부서의 대표자라는 사실입니다.

프로젝트 매니저에게는 인사권이 없기 때문에 개별 부서에서 인사권을 가진 사람이 프로젝트 참여자를 결정합니다. 각 부서의 책임과 권한을 가진 사람이 자신의 대리인으로 파견한 사람이 프로젝트 팀원이라는 뜻입니다. 프로젝트가 시작되면 그 팀원은 자기 부서의 책임자와 프로젝트 매니저의 연결 고리가 됩니다.

현장에서 무슨 일이 일어날 때마다 팀원이 자신의 부서에 그 사항을 보고하고 책임자와 대응 방안을 협의해서 그 결과를 프로젝트 매니저에게 전달하는 작업이 반복됩니다.

프로젝트는 특성상 횡적으로 진행되기 때문에 프로젝트 매니저는 횡적인 조정을 담당합니다. 하지만 각 부서의 상사와 부하직원 사이의 '종적 조정'도 프로젝트 매니저가 놓치면 안 될 중요한 부분입니다.

프로젝트 팀원을 선정할 때 이해관계자가 될 수 있는 모든 부서에 사람을 보내달라고 요청해야 합니다. 프로젝트를 한창 실행하는 중에 뒤늦게 이 부서와 조정해 줄 사람이 아무도 없다며 발을 동동 구르는 사태가 일어날 수 있습니다. '착수' 단계에서 이해관계자가 될 수 있는 부서를 모두 체크한 다음 반드시 팀원을 보내달라고 요청해야 합니다.

프로젝트 매니저에게 인사권은 없지만 팀원을 지명할 수 있다면 부서 간에 소통이 가능한 사람을 영입하는 것이 좋습니다. 소통이 원활하면 프로젝트가 더할 나위 없이 순조롭게 진행됩니다.

소통을 할 수 있는 사람이란 여러 부서 업무에 통달해 개별 부서가 이해하기 쉬운 언어로 조정 및 교섭이 가능한 사람을 말합니다.

특히 업무와 시스템 분야에 두루두루 밝은 사람이 한 명이라도 있으면 큰 도움이 됩니다. 두 부서의 의존 관계가 크고 프로젝트의 지연으로 이어질 보틀넥(병목현상)이 발생하는 경우가 많기 때문입니다. 일반적으로 업무 부서는 시스템에 관해 잘 모르고, 시스템 부서는 업무에 대한 이해가 부족합니다.

몇 번이나 예로 들었듯이 서로의 업무를 이해하고 있어야 보틀넥이 발생했을 때 의존 관계를 끊을 방법을 도출할 수 있습니다. 해당 분야에 대한 지식이 없으면 그런 발상은 떠오르지 않습니다. 업무와 시스템 모두 어느 정도 알고 있는 사람이 있다면 이런 보틀넥은 금세 해소됩니다.

소프트뱅크에 근무할 때 소통이 원활한 팀원의 도움으로 위기를 돌파할 수 있었습니다. 서비스기획 부서에서 내려온 주문 사항을 즉시 이해하고 정보시스템 부서가 알아듣기 쉽게 바꿔서 전달하니 순식간에 서비스기획 부서가 원했던 대로 시스템이 완성되었던 것입니다.

물론 프로젝트 매니저가 소통을 겸할 수 있다면 좋겠지만 그 외에도 해야 할 일이 많습니다. 프로젝트 매니저 대신에 연결 고리가 되어줄 팀원이 있으면 그야말로 제갈공명을 곁에 둔 유비와 같을 것입니다.

부서 간 소통이 가능한 인재를 어떻게 찾아낼 수 있을까요? 그것은 회의에서 사람들의 발언에 주목하면 됩니다.

회의가 지지부진할 때 "이것은 결국 이런 것인가요?"라거나 "즉,

부서 간 소통을 잘하는 사람을 반드시 팀원으로 넣는다

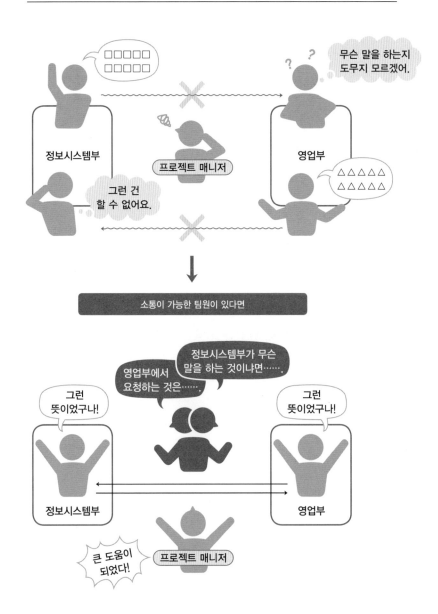

○○ 씨가 말한 것은 이런 의미죠?"처럼 정리해 주는 사람이 있게 마련입니다. 그런 사람이 있다면 반드시 프로젝트 팀원으로 영입합니다. 사내에 그런 인재가 없으면 외부 사람을 영입해도 좋습니다. 현재는 어떤 업무든 IT와 시스템이 관련되어 있기 때문에 프로젝트 전체를 원만하게 진행하는 데 큰 힘이 될 것입니다.

반대로 프로젝트 팀원으로 영입해서는 안 되는 사람이 있습니다. 말만 앞서는 데다 과제를 맡으려 하지 않는 사람입니다. 회의에서는 이렇다 저렇다 의견을 내는데 정작 과제를 할당하려고 하면 피하는 사람들이 있습니다. 하고 싶은 말만 하고 몸은 움직이지 않는 사람이 있으면 다른 팀원의 업무 동기도 눈에 띄게 떨어집니다.

프로젝트를 시작하고 나서 이런 사람이 발견되면 즉시 그 사람의 상사에게 피드백해서 그런 자세를 고치도록 해야 합니다. 그렇게 했는데도 변하지 않는다면 팀원을 교체할 수밖에 없습니다.

Q8 소속 부서가 다른 팀원 사이에, 또는 팀 내부에 외부 사람이 끼어 있어서 아무래도 소통이 잘되지 않을 경우 어떻게 하면 좋을까요?

A 맨 먼저 '용어'를 정의합니다. 특히 '납품'과 '기한'을 명확하게 정의해야 합니다.

소속 부서나 조직이 다르면 사용하는 언어도 다릅니다. 그 때문에 의견이 계속 엇갈리거나 때로는 오해가 생겨 다툼이나 분쟁으로 이어질 위험마저 있습니다.

따라서 부서나 조직 간에 용어 정의를 반드시 확인합니다. '야후! BB'의 프로젝트 매니저를 맡았을 때도 그런 일이 있었습니다. ADSL 사업을 하려면 NTT(일본 최대의 통신회사)의 회선을 빌려서 네트워크를 구축해야 합니다. 그런 일을 담당하던 사람이 시스코시스템즈와 킨덴에서 파견을 나온 팀원이었습니다. 그런데 두 회사가 쓰고 있는 용어와 서식이 완전히 달랐습니다.

예를 들어 도면에서 시스코시스템즈는 NTT의 국(局)을 '●'로 표시하는데 킨덴에서는 '■'로 표시합니다. 어떤 설비 기기를 시스코시스템즈는 영어로 축약해서 적는데 킨덴은 일본어를 사용합니다. 그 때문에 서로가 작성한 도면이 무엇을 나타내는지 알 수가 없어 현장에서 작업이 진행되지 않는다는 불만이 쏟아졌습니다.

그런 상황을 파악하고 곧바로 용어 통일 작업을 해서 국은 '■'으로 표시하고 기기의 명칭은 영어로 정했습니다. 그 결과 쌍방의 커뮤니케이션도 원만해졌고 도면 작성과 현장의 작업 속도도 빨라졌습니다.

이처럼 전문 용어를 각자 완전히 다른 의미로 쓰는 경우가 있습니다. 그중 '납품'과 '기한' 두 용어에 특히 주의해야 합니다.

'시스템을 패키지로 납품하기까지'라고 정의하는 회사가 있는가 하면, '패키지를 넣은 후 서포트 서비스가 종료될 때까지'로 정의하는 회사도 있습니다.

처음부터 통일해 두지 않으면 나중에 큰 다툼으로 이어지고 심각한 경우 소송으로 번질 수 있습니다.

프로젝트에 참가하는 조직이 많을수록 프로젝트 매니저는 용어를 정의하는 데 신경 써야 합니다.

Q9 젊은 직원이 프로젝트 매니저로 발탁되었는데 공교롭게도 나이 많은 팀원이 있는 경우 유의해야 할 점은 무엇인가요?

A 상대의 나이에 관계없이 예의를 지킵니다. 때로는 최종결정권자의 기세를 빌려서 호가호위(狐假虎威)도 능숙하게 해봅니다.

프로젝트 매니저는 자신보다 나이 많은 팀원뿐만 아니라 누구에게나 예의를 지켜 행동하고 말해야 합니다.

상대방의 나이와 상관없이 경칭을 붙이고, 그렇다고 해서 지나치게 겸손한 태도로 대할 필요도 없습니다. 어떤 팀원이든 똑같이 대해야 합니다.

회사 생활을 하다 보면 상대가 누구냐에 따라 태도를 바꾸는 사람이 있습니다. 저 사람에게는 경어를 쓰면서 나한테는 함부로 말했다며 불만을 토로하게 마련입니다. 누구에게나 똑같은 태도로 대하면 그런 일은 일어나지 않을 것입니다.

한편 프로젝트 매니저보다 연장자인 사람들이 많아서 팀을 운영하기 힘들 때는 가끔이라도 최종결정권자가 정례회의에 참석하도록 요청합니다. 프로젝트 매니저가 아무리 젊어도 CEO와 정식으로 차터를 교환해 승인을 받았다는 사실을 팀원들 앞에서 보여줄 필요가 있습니다.

소프트뱅크에서 프로젝트를 진행할 때 팀원들이 대부분 저보다 나이 많은 사람들이었기 때문에 손정의 사장의 기세를 빌려 호가호위를 활용했습니다.

젊은 사람이 프로젝트 매니저가 되면 어떤 직원은 '어차피 회사도 그 프로젝트에 큰 기대를 하지 않는다는 것이다'라고 자의적으로 해석하며 협조를 게을리합니다. 이럴 때 정례회의에 최종결정권자가 참석하면 그런 생각을 뒤집을 수 있습니다.

첫 회의는 물론 이후의 정례회의에도 최종결정권자가 참석하면 더욱 좋을 것입니다.

Q10 업무를 팀원들에게 배분하는 것이 프로젝트 매니저가 할 일이기는 하지만 일상 업무만으로도 바쁜 사람에게 예정에 없던 업무를 할당하기는 쉽지 않습니다. 그 사람이 조금이라도 기분 좋게 받아들이려면 어떻게 해야 할까요?

A 4가지를 제시합니다. 첫째, 평소에 힘이 되어준다. 둘째, 프로젝트 매니저가 실력자라는 평판을 만든다. 셋째, 재작업이 일어나지 않을 것이라는 믿음을 준다. 넷째, 이 일이 회사에 어떤 의미가 있는지 설명한다.

첫째, 평소에 힘이 되어준다

돈을 빌려주고 갚는 채무 관계가 있듯이 업무에도 그런 관계가 있습니다.

'지난번에 무리한 부탁을 했는데 그 사람의 도움을 받은 적이 있었지. 이번 건은 내가 들어줘야겠군.'

'그때 정말 그 사람 덕분에 살았잖아. 아무래도 이번 일은 거절하지 못하겠는데.'

자신에게 조금 무리가 되는 업무인데도 받아들인 경험이 누구나 있을 것입니다.

"하늘 곳간에 덕을 많이 쌓아두라"는 속담처럼 프로젝트 매니저도 평소 사람들에게 힘이 되어주어야 합니다. 그렇게 하면 업무를 부탁했을 때 지난번 도움받은 것을 갚아야겠다고 생각할 것입니다.

소프트뱅크에서 프로젝트 매니저를 맡았을 때 나이와 경험이 많은 간부들의 협력을 얻어낼 수 있었던 것도 평소에 힘이 되어준 덕분입니다.

손정의 사장의 생각에 따라 우선순위가 달라지는 경우가 많았는데, 그때마다 스케줄이 바뀌었습니다. 회의가 격렬해지면 뒤에 다른 일정이 있는데도, "회의를 계속해야 하니 이후 일정은 전부 취소하라!"고 말하는 것입니다.

그럴 때마다 곤란한 사람은 밖에서 손정의 사장의 결재를 기다리던 임원들이었습니다.

"오늘 안으로 결재를 받지 않으면 거래처와 계약할 수 없는데 큰 일이네."

회의가 끝날 때까지 몇 시간이나 사장실 앞에서 기다리고 있어야 합니다. 그럴 때 "사장님 시간이 잠깐 날 때 제가 대신 결재를 받아 두겠습니다"라고 도움의 손길을 내밀었습니다. 회사를 나서는 손정의 사장을 따라가서 함께 차에 타고 결재를 받은 다음 교통신호 대기로 잠깐 차를 멈췄을 때 다시 내려 회사로 돌아온 적도 있습니다.

'이 사람에게 부탁하면 이렇게 껄끄러운 것도 잘 정리해 주니 앞으로 무슨 일이 있을 때 도와줘야겠다'고 생각할 것입니다. 처음 프로젝트 매니저로 임명되었을 때 임원들이 적극 힘을 보태준 것은 물론입니다.

CEO가 신규 사업을 펼칠 담당자를 외부에서 영입하는 경우가 종종 있는데 대부분 실패로 끝납니다. 외부 담당자와 다른 팀원 사이에 연결 고리가 전혀 없기 때문입니다.

신규 사업은 기존 사업과 전혀 다른 업계의 경력자들이 맡는 경우가 많습니다. 소매업계 프로젝트에 IT 업계 출신이 영입되거나 IT 업계 프로젝트에 컨설턴트 업계 출신이 영입되는 것입니다.

그 회사에 어떤 공헌도 하지 않은 사람이 갑자기 신규 사업을 맡으면 팀원들은 반발합니다.

'현장에 대해 아무것도 모르는 주제에', '자기가 직접 파는 것도 아니면서 잘난 척하기는' 등등 불만이 휘몰아칩니다.

그 사람을 영입한 CEO가 "이 사람은 정말 뛰어난 능력을 가졌습니다. 여러분도 이 사람을 잘 지원해 주기를 바랍니다"라는 말까지 하면 불에 기름을 부은 듯 반발은 더욱 거세집니다. 그 사람을 하루빨리 내쫓기라도 하겠다는 듯 주변 사람들은 아무 협력도 하지 않습니다.

다양한 기업과 조직의 프로젝트를 진행해 봤지만 외부에서 신규 사업 담당자를 영입해서 성공한 경우는 10퍼센트도 되지 않습니다.

신규 사업을 담당하는 프로젝트 매니저가 되면 맨 먼저 사내의 직원들이 꺼리는 업무를 맡아 적극적으로 행동해야 합니다. 평소부터 힘이 되어주는 모습을 보여주어야 합니다.

다른 사람의 힘을 빌리고 싶으면 내가 먼저 다른 사람에게 힘이 되어주어야 합니다. 이것이 문제가 생겼을 때 내 편이 되어줄 사람을 늘리는 비결입니다.

둘째, 프로젝트 매니저가 실력자라는 평판을 만든다

이왕이면 이기는 말을 타고 싶은 것이 인지상정입니다. 프로젝트 매니저든 상사든 다르지 않습니다. 이 사람과 함께하면 반드시 이긴다는 인식이 퍼지면 그 사람 가까이 모여들게 마련입니다.

'야후! BB' 프로젝트를 시작했을 때 손정의 사장이 팀원을 모았지만 많은 사람들이 달아나버렸습니다. 당시의 소프트뱅크는 신규 사업과 새로운 회사 설립에서 성공률이 낮았기 때문에 제아무리 손정의 사장이라도 직원들이 선뜻 하겠다고 나서지 않았던 것입니다.

따라서 주위의 협력을 얻고 싶은 프로젝트 매니저라면 일상 업무에서도 성실하게 실적을 올려서 '저 사람과 함께하면 내 실적도 오를 거야'라는 생각을 갖게 하는 것이 좋습니다.

셋째, 재작업이 일어나지 않음을 인식시킨다

업무를 하면서 가장 스트레스가 많이 쌓일 때가 바로 재작업을 해야 할 때입니다. 그것도 자기 때문이 아니라 상사나 프로젝트 매니저의 관리 부주의 때문이라면 말할 수 없이 화가 날 것입니다.

이런 사태를 피하려면 앞에서 소개한 프로젝트 단계에 따라 순서 대로 진행하고, 최종결정권자의 갑작스러운 지시나 느슨한 스케줄 관리로 인해 재작업이 발생하지 않도록 해야 합니다.

'그 사람이 의뢰한 일이니까 나중에 불필요한 수고는 하지 않겠지'라는 신뢰를 얻을 수 있어야 합니다.

넷째, 이 일이 회사에 어떤 의미가 있는지 설명한다

자신이 하고 있는 일이 회사에 어떤 도움이 되는지 알게 되면 직원 들도 보람을 느끼고 열심히 일합니다.

그저 "급한 거니까 빨리 해주세요"가 아니라 "이 과제를 기한까지 마치면 회사가 사운을 걸고 있는 서비스를 예정대로 실시할 수 있습니다." 이렇게 회사 입장에서 이 업무가 얼마나 큰 의미를 갖는지 설명합니다.

 사장의 지시로 할 수 없이 프로젝트 매니저를 맡게 되었습니다. 관계 부서까지 지극히 소극적으로 참여합니다. 이런 상황에서 "사장님 안건이니 잘 부탁드립니다"라고 말하면 더욱 반감만 살 것 같습니다. 내가 원해서 맡은 프로젝트도 아닌데 부탁까지 해야 하나 싶습니다. 하지만 어쨌든 프로젝트를 진행해야 하는데, 개별 부서의 협력을 얻으려면 어떻게 해야 할까요?

A 무슨 일이 생기면 내가 책임진다는 믿음직한 자세를 보여줍니다.

맨 먼저 할 일은 3장에서 설명했듯이 업무를 가능한 세분화하고 신속하게 할당하는 것입니다. 이렇게 하면 최종결정권자를 언급하지 않으면서 팀원에게도 부담을 주지 않고 업무를 의뢰할 수 있습니다.

이렇게 할 수 없는 긴급한 프로젝트라면 '가장 리스크가 큰 부분은 프로젝트 매니저가 맡는다'는 자세를 보여주어야 합니다. 무슨 일이 생기면 프로젝트 매니저인 자신이 책임지고 정리할 것이고 결코 회피하지 않겠다는 자세를 보여줍니다.

영업부가 무리한 기한으로 수주했다면 프로젝트 매니저는 그 기한을 그대로 현장에 밀어붙일 것이 아니라 책임을 지고 영업부와 조정해야 합니다.

기한을 지키지 못해서 클레임이 쇄도할 것 같다면 사전에 콜센터 등의 업무 지원 쪽에 만일의 사태가 일어날 경우 자신이 대응하겠다고 말해 둘 필요도 있습니다. 어쨌든 '이 프로젝트 매니저는 문제가 생기더라도 절대 회피하지 않는 사람'이라는 인식을 심어줄 수 있도록 항상 노력합니다.

프로젝트 매니저는 각 분야의 전문가인 개별 팀원에게 과제를 할당하는 것이 주요 업무입니다. 그런데 회사 내에 과제를 수행할 사람이 없는 경우도 있습니다. 업무를 할당할 사람이 없을 때는 외부의 인재나 자원을 끌어와야 합니다.

예를 들어 AI를 활용한 업무 효율화라는 프로젝트를 맡았는데 회사 내에 AI 전문가가 없습니다. 이럴 경우 외부 기업이 제공하는 AI를 이용한 플랫폼을 끌어와서 비교적 간단한 운영만 자체적으로 하는 방식을 검토해야 합니다.

무엇이든 팀원에게 넘기지 않고 더 효율적으로 문제를 해결할 방법은 없는지 생각합니다. 이것 역시 프로젝트 매니저의 중요한 책무입니다.

 능력과 업무 동기가 낮아 정례회의에서 과제를 공유해도 좀처럼 진행하지 못하는 팀원이 있습니다.

A 팀원을 육성할 책임이 있는 것은 해당 부서장입니다. 부서장에게 피드백을 해서 적절한 대처를 요청합니다.

앞에서도 말했듯이 프로젝트 매니저에게 인사권은 없습니다. 팀원을 평가할 권한도, 교육 또는 지도할 권한도 없습니다. 그러므로 팀원의 능력과 기술, 자질이 부족한 것까지 해결할 수는 없습니다.

업무 동기가 낮아서 기한을 지키지 못하는 팀원이 있을 때는 4장에서 설명했듯이 인사권을 가진 해당 부서장에게 피드백을 합니다. 부하직원인 팀원을 육성할 책임은 부서장에게 있기 때문입니다.

프로젝트 매니저가 보고하지 않으면 부서장은 그 팀원이 프로젝트에서 어떻게 활동하는지 전혀 알 수 없습니다. 다른 방식으로 전달되지 않기 때문입니다.

'평소에도 일을 잘했으니 프로젝트도 열심히 하겠지.' 부서장은 이렇게 생각하고 있을 것입니다. 따라서 문제가 있다면 알려서 조치를 취하게 해야 합니다.

팀원에 대한 부서장의 지도 및 교육이 이루어지려면 사실 그대로 전달합니다. 그렇게 해도 팀원이 개선하지 않는다면 다른 사람으로 교체하거나 증원을 요청합니다.

여기서 중요한 것은 정례회의에서 팀원과 공유하고 있는 프로젝트 매니지먼트 시트에 근거해 "이렇게 결과물을 내겠다고 약속했지만, 세 번에 두 번은 기한을 지키지 않고 있습니다"라고 객관적인 사실을 제시해야 한다는 점입니다.

"그 사람은 제대로 해내는 일이 없습니다. 다른 사람으로 바꿔주세요"라고 감정적인 공격을 해서는 안 됩니다. 아무리 능력이 떨어지는 부하직원이라 하더라도 다른 부서 사람에게 비난을 들으면 상사는 당연히 화가 날 것입니다. 사실에 기반한 냉정한 피드백을 해야 합니다.

팀원 중 한 사람이 "그렇게 세세하게 진행 관리를 하면 되레 일할 의욕이 떨어집니다"라는 말을 했습니다. 그러나 그대로 두면 마지막에 분명히 문제가 생길 것 같습니다.

A 가장 먼저 "불편한 점이라도 있습니까?"라고 물어봅니다.

이런 말을 입 밖으로 꺼내는 팀원을 눈여겨봐야 합니다. 자신감을 갖고 일하는 사람이라면 오히려 얼마만큼 진행됐는지 확인받는 것을 좋아합니다. '이것 보세요. 이만큼 했습니다!'라고 말하고 싶어할 것입니다.

반대로 진행 관리를 싫어하는 팀원이라면 뭔가 제대로 되고 있지 않은데 감추는 것일 수 있습니다. 그런 팀원에게는 "불편한 점은 없습니까?"라고 물어봅니다.

어쩌면 프로젝트 매니저가 알아채지 못한 곳에서 과제 간에 의존 관계가 발생하고 있는지도 모릅니다. '저 사람의 업무가 끝나야 내 일을 시작할 수 있는데…… 그래도 괜히 다투거나 감정 상하고 싶지 않으니 조금만 더 참자'라고 고민하고 있을지 모릅니다.

그런 일이라면 프로젝트 매니저가 조금만 과제 조정을 해도 금세 해결할 수 있습니다.

"일할 의욕이 안 생겨요"라는 부정적인 말이 튀어나와도 '역시 저 사람은 안 되겠다'는 식으로 꼬리표를 달지 말고 원인을 찾는 것이 프로젝트 매니저의 역할입니다.

팀원이 과제가 진행되는 상황을 공개하지 않으려고 해서 문제가 발생하기도 합니다. 프로젝트 매니저에게 최신 정보를 보고하지 않다가 건강이라도 나빠져서 휴직을 하거나 갑자기 이직이라도 하면 어떻게 될까요? 최악의 경우 팀원이 클라이언트를 데리고 이직할 수도 있습니다. 정보를 공유하지 않았으니 다른 사람이 인수할 수도 없습니다. 그렇게 되면 회사의 손실은 어마어마할 것입니다.

언제나 팀원과 정보를 공유하는 것은 리스크 관리 측면에서 매우 중요한 일입니다.

 Q14 **팀원의 업무 동기가 떨어지는 것이 느껴집니다. 이럴 때 어떻게 해야 할까요?**

A 업무 동기가 떨어지는 원인을 찾아내서 개선해야 합니다. 그렇게 했는데도 해결되지 않는다면 부서장에게 피드백을 합니다.

프로젝트 매니저에게는 팀원을 육성할 책임이 없습니다. 매일 팀원의 컨디션을 체크하며 저 사람의 의욕이 떨어질 때마다 해당 부서에 인원 교대를 요청할 수도 없습니다.

기본적으로는 현재 구성된 인원으로 업무를 수행하는 것이 이상적입니다. 따라서 팀원의 업무 동기가 떨어졌다고 느껴지면 일단 원인부터 파악합니다.

원인을 알아낸 결과 프로젝트 과제가 세분화되지 않아서 팀원 한 사람에게 일이 몰리고 있다면 그것은 전적으로 프로젝트 매니저의 책임입니다. 이런 경우 과제를 적절한 분량으로 다시 할당해야 합니다.

한편 여러 부서가 연합해서 프로젝트를 진행하는 경우 전임은 프로젝트 매니저 한 사람뿐이고 팀원들은 파트타임일 수도 있습니다. 이런 경우 팀원들은 해당 프로젝트의 중요성을 이해하지 못하고 원래 자신의 업무를 하는 짬짬이 프로젝트 업무를 하면 된다고 안이하게 여길 수 있습니다.

그렇다면 해당 부서장에게 이런 상황을 전하고 직접 프로젝트가 얼마나 중요한지 설명해 달라고 부탁합니다. 직속 상사를 통하는 것이 가장 빠른 해결 방법입니다.

다시 한 번 말하지만 인사권이 없는 프로젝트 매니저가 할 수 있는 조치는 한정되어 있습니다. 그렇기 때문에 무엇이든 프로젝트 매니저 혼자 끌어안지 마십시오.

'팀원 교육과 업무 동기는 부서장에게 맡기고', 프로젝트 매니저는 본연의 역할에 집중해야 합니다.

 팀원의 상태를 조금이라도 빨리 알아차리려면 어떻게 해야 할까요?

A 정례회의의 출석 상황으로 어림잡아 볼 수 있습니다.

많은 사람들이 참여하는 프로젝트에서는 그야말로 어느 팀원의 업무 동기가 떨어져 있는지 파악하기 쉽지 않습니다. 이럴 때 팀원의 상태를 알아볼 수 있는 자리가 바로 정례회의입니다.

정례회의에 지각하거나 결석하는 팀원은 각별히 신경 써야 합니다. 업무 동기가 떨어지면 지극히 간단한 약속조차 지키지 않기 때문입니다. 일주일에 한 번 정해진 회의에 참석하는 것은 무리한 일정이 아닙니다. 그런데도 참석하지 않는 사람은 클라이언트와의 중요한 약속에도 지각하거나 꼭 지켜야 할 기한을 지키지 않을 가능성이 있습니다. 정례회의에서 눈에 띄게 지각하거나 결석하는 팀원이 있으면 지체하지 말고 부서장에게 피드백을 해서 적절하게 대처해야 합니다.

한편 팀원이 몇 날 며칠 야근하거나 휴일 출근을 해야 한다면 프로젝트는 위험 수위에 다다랐다고 인식해야 합니다. 이럴 경우 지체 없이 최종결정권자와 기한, 비용, 품질을 조정합니다.

Q16 팀원 사이에 불협화음이 났는데 프로젝트 매니저인 제가 그 사이에 낀 상황입니다. 상황을 정리하고자 어느 한쪽 편을 들었다가 자칫 다른 쪽의 반감을 살까 조심스럽지만 방관하면 이후의 프로젝트 진행에 지장이 있을 것 같습니다.

A 양쪽의 이야기를 모두 듣고 나서 다툼의 원인을 사실과 숫자를 제시해 객관적으로 파악합니다.

우선 냉정하게 사실관계를 파악합니다.

"저 사람은 정말 자기밖에 몰라", "절대 용납 못 해!"라며 양쪽이 험한 말을 주고받은들 사태가 해결되지 않습니다. 프로젝트 매니저는 이들이 무엇 때문에 그러는지 이유를 직접 들어봐야 합니다.

예를 들어 콜센터 담당자가 "영업부가 자신들 성과를 올리려고 무리하게 수주를 받는 통에 클레임이 어마어마하게 들어오고 있다"며 불만을 터뜨립니다. 이런 경우 프로젝트 매니저는 '어마어마하게'를 숫자로 나타내면 몇 명인지, 클레임 내용은 무엇인지 파악해야 합니다.

클레임이 어마어마하게 들어왔다고 해도 고객 1천 명 중 3명일 수도 있기 때문입니다. 클레임 내용도 영업 때문이 아니라 계약서의 약관 미흡이나 제조 공정에서 비롯된 문제일 수도 있습니다.

원인을 알면 명확하게 해결할 수 있습니다. 약관을 수정하거나 제조 부서에 정보를 제공해서 대응하도록 의뢰하면 됩니다.

한편 불평불만을 느끼고 있는 것은 자기 혼자만이 아니라는 것을 보여주기 위해 "모두 불평을 터트리고 있습니다"라거나 "모두 불편해합니다"고 강조하는 경우도 있습니다.

하지만 정말로 모든 사람들이 화를 내거나 불편해하는 것은 아닙니다. 이럴 때는 "모두라고 했는데, 누구인지 알려주시겠습니까?"라거나 "다른 팀원들이 어떤 불만을 갖고 있는지 제가 직접 면담해도 될까요?"라고 냉정하게 확인해야 합니다.

중요한 것은 어느 한쪽의 말을 곧이곧대로 받아들이지 말고 어느 정도 사실인지 정확히 파악해야 한다는 점입니다. 그렇게 하면 프로

팀원 간 불협화음이 생겼을 때

● 양쪽의 말을 직접 들어본다

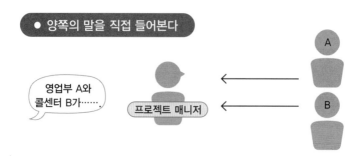

● 사태를 자세히 파악한다

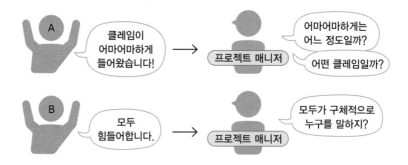

● 사람보다 사안을 먼저 생각한다

젝트 매니저로서 다툼의 원인을 제거해 불편했던 상황을 수습할 수 있습니다.

Q17 갑자기 기한이 앞당겨졌다면 무엇을 가장 먼저 해야 할까요?

A 비용을 늘려서 해결할 것인지 아니면 결과물을 나눠서 단계적으로 납품할 것인지 결정해야 합니다.

우선순위를 확인하고 필요하다면 최종결정권자에게 비용을 재고해 달라고 요청합니다. 기한과 비용은 천칭 같은 관계입니다. 기한이 앞당겨지면 인력을 늘릴 수밖에 없습니다. 복수의 프로젝트가 가동 중이라면 A프로젝트가 앞당겨졌기 때문에 B프로젝트와 C프로젝트의 납품을 뒤로 미루고 자원을 A로 돌릴 수 있겠지만, 그것도 힘들다면 외부에서 추가 인원을 조달할 수밖에 없습니다.

사내에서 사람을 충원하든 외부에 아웃소싱을 하든 비용이 발생합니다. 자원은 그대로 두고 기한을 앞당기는 것은 현실적으로 불가능합니다. 최종결정권자에게 예산을 추가해서 앞당겨진 기한을 맞출 것인지 예산과 기한을 그대로 둘 것인지 우선순위를 판단해 달라고 해야 합니다.

예산 추가도 안 되고 기한도 미루지 못할 때는 결과물을 세분화하는 방법도 있습니다. 단계적으로 납품해도 되는지 최종결정권자와 조정합니다.

원래 3개월 후에 웹사이트를 납품하기로 약속했는데 갑자기 한 달 뒤로 앞당겨졌다고 합니다. 우선 웹사이트를 만드는 프로세스를 세세히 나눠서 한 달 뒤까지 반드시 해야 할 것과 그 뒤에 해도 되는 것들부터 확인합니다.

"새로운 서비스 신청 접수 개시일이 한 달 뒤니까 그날은 반드시 사이트를 오픈해야 합니다."

이런 이유로 일정이 앞당겨졌다면 프로젝트 매니저는 충분히 협상할 수 있습니다.

"그렇다면 신청 페이지만 따로 한 달 후 납품하겠습니다. 대신 신청 접수와 직접적으로 관계없는 분석 프로그램 삽입과 그 외의 콘텐츠 제작은 처음 약속했던 3개월 후까지 단계적으로 납품하겠습니다. 이렇게 하면 인력과 예산은 지금 상태로 가능한데 어떻습니까?"

이렇게 해서 결과물을 나눠 상대방이 희망하는 기한까지 가능한 것과 불가능한 것을 제시하면 최종결정권자도 승인할 것입니다. 제안을 받아들이지 않으면 "추가 예산이 필요합니다"라고 말해야 합니다.

인력도 시간도 자금도 부족한 상황에서는 아무리 최종결정권자의 지시라도 불가능합니다. 프로젝트 매니저는 위에서 내려오는 지시를 그대로 받아들이는 사람이 아니라 무엇이 가능하고 무엇이 불가능한지 현장의 올바른 정보를 전달하는 사람입니다.

프로젝트 매니저인 제가 '착수' 단계에서 세운 가설이 잘못
되었음을 나중에야 깨달았습니다. 방향 전환을 해야 하는데
그러면 대량의 재작업 상황이 발생합니다. 이럴 경우 어떻게
해야 할까요?

A 그렇기 때문에 재작업이 없도록 평소에 꼼꼼히 진행 상황을
관리해야 합니다.

프로젝트 매니저를 하다 보면 누구나 이런 경험이 있을 것입니
다. 비즈니스에서는 실제로 해보지 않으면 알 수 없는 것을 해야 합
니다. 아무리 세밀하게 계획을 세웠다 하더라도 가설은 어디까지나
가설일 뿐입니다. 검증한 결과 방향 전환이나 궤도 수정이 전혀 없
다고 할 수 없습니다.

프로젝트 매니저가 아무리 노력해도 피할 수 없는 재작업이 발생
했을 때 팀원들이 이해하는 분위기를 만들어야 합니다. 그러려면 평
소에 재작업이 일어나지 않도록 세심하게 관리해야 합니다.

재작업이 일상적으로 일어나면 팀원들도 거세게 반발할 것입니
다. 마치 양치기 소년처럼 정말로 해야 하는 재작업인데도 아무도
움직이려 하지 않게 됩니다.

평소 재작업이 거의 없는 프로젝트 매니저라면 '아무래도 꼭 필
요한 작업이겠지?'라며 이해할 것입니다.

프로젝트 매니저가 업무를 작게 나눠 신속하게 할당한다거나 평
소에 도움을 많이 줬다면, '저 사람이 오죽하면 저러겠어'라는 생각

을 하며 기꺼이 도와줄 것입니다.

저도 토라이즈 사업을 시작하고 시행착오를 반복했습니다. 경영자로서 반드시 필요하다고 판단되면 설령 재작업을 하게 되더라도 방향 전환을 했고, 그 이유를 모두에게 정중히 설명하고 양해를 구했습니다.

현장에는 당연히 일대 혼란이 일어났습니다. 하지만 목표를 달성하는 데 필요한 방향 전환을 하지 않으면 나중에 더 큰 리스크를 떠안게 됩니다. 궤도 수정을 하지 못함으로써 목표를 달성하지 못했다면 결국 모두에게 막대한 손해를 끼칩니다.

프로젝트도 회사 경영과 다르지 않습니다. 방향 전환이 필요한 상황이 발생했을 때 신속하게 받아들이고 수행할 수 있도록 프로젝트 매니저는 평소에 업무를 성실히 수행해야 합니다.

Q19 프로젝트 최종결정권자가 갑자기 교체되거나 주요 팀원이 이탈했을 때는 어떻게 하면 좋을까요?

A 최종결정권자가 교체되는 것은 프로젝트 매니저의 역량으로 대응할 수 없는 일입니다. 주요 팀원이 빠져나갔을 때는 외부의 인재를 활용해야 합니다.

사장이 다른 업계나 컨설팅 분야에서 인재를 모아 신규 사업 프로젝트를 시작했는데 무슨 일인지 그 사장이 실각됐고 새로운 사장

은 취임하자마자 이전 프로젝트를 해산했다는 이야기는 드문 일이
아닙니다.

이전 사장은 같은 편이 적었기 때문에 실각한 것이니 새로 취임
한 사장은 이전 사장의 실적을 부정한다는 의미로 정반대의 경영 방
침을 취하는 것이 대부분입니다. 그렇다면 프로젝트 매니저도 새로
운 사장의 의향에 따를 수밖에 없습니다.

중요한 팀원이 이탈했을 경우에는 다른 인재를 영입할 수밖에 없
습니다. 전문적인 기술과 지식을 갖고 있는 귀한 인재가 이탈했다면
외부에서 같은 분야의 전문가를 스카우트하는 것이 가장 빠른 해결
방법입니다. 새로 온 사람은 방금 말한 이탈 팀원을 대신해야 하므
로 프로젝트 매니저와 같은 사무실에 상주하는 것이 좋습니다.

소프트뱅크에서 '야후! BB'의 프로젝트 매니저를 맡았을 때도 모
뎀 제조사의 담당자와 사무실을 함께 쓴 적이 있습니다. 중국 공장
에서 생산하던 모뎀에 품질 문제가 발생했을 때 대기업 제조사의 품
질관리 부서에 연락해 그 분야의 전문가를 우리 팀에 파견해 달라고
부탁했기 때문입니다.

지금도 저희 회사에는 광고대행사에서 파견 나온 팀원이 있습니
다. 토라이즈의 지명도를 끌어올리기 위한 프로모션과 홍보에 힘을
쏟고 있는 상황이므로 홍보 전문가의 힘을 지속적으로 빌려야 하기
때문입니다.

이처럼 외부의 인재라도 우리 회사 사람처럼 일할 수 있습니다.
빠져나간 팀원의 빈자리를 사내의 인력만으로 메울 수 없을 때는 외

부의 힘을 적절히 활용하는 것도 프로젝트 매니저의 수완입니다.

 부하직원을 프로젝트에 파견하는 상사가 알아둬야 할 것은 무엇인가요?

A 부서 지식의 표준화를 실시하고 자원 배분을 적재적소에 합니다.

부서 책임자가 자신의 부서가 갖고 있는 지식과 노하우를 표준화해 정리해 두었다가 필요할 때 제공한다면 프로젝트 수행에 매우 큰 도움이 됩니다.

정보시스템 부서장이라면 회원 등록 페이지를 만들 때의 형식, 업무관리 프로그램을 만들 때의 형식처럼 패턴별로 기본적인 구조를 표준화해 두면 부하직원이 참가하는 프로젝트에 맞춰 제공할 수 있습니다.

프로그램이나 부분적 시스템을 제로(0) 단계에서 시작하는 것이 아니라 기본형을 일부 다듬으면 되기 때문에 담당자는 공정을 줄이거나 시간을 크게 단축할 수 있습니다. 그러면 설령 기한이 촉박한 프로젝트일지라도 스케줄 관리를 용이하게 할 수 있습니다. 팀원으로 참여한 부하직원도 장시간의 노동을 피할 수 있으니 효율적으로 일할 수 있습니다. 그 결과 부서장에 대한 사내 평가도 높아질 것입니다.

앞으로 프로젝트 성격의 업무가 늘어나면 부서장은 프로젝트 팀원을 배치하는 중요한 업무까지 담당하게 됩니다. 프로젝트의 주제와 지향하는 목적에 맞춰 누구를 팀원으로 보내야 생산성이 높아질지를 판단해야 합니다. '결재 관련 시스템이라면 그쪽 경험이 있는 A가 좋겠다', '이 프로그램의 난이도라면 신입인 B가 충분히 해낼 것이다'라는 식으로 부하직원이 갖고 있는 능력과 수용력을 종합적으로 판단할 수 있어야 합니다.

특히 사내에 여러 개의 프로젝트가 진행되고 있을 때는 어떤 프로젝트에 어떤 인적자원을 배분할 것인지 미리 생각해 둬야 합니다. 나아가 프로젝트에 부응할 수 있도록 부하직원들의 교육과 커리어도 적절하게 챙겨야 합니다.

팀원의 교육과 훈련은 프로젝트 매니저의 역할이 아닙니다. 오로지 소속 부서장이 맡아야 할 과제입니다. 따라서 사내의 요구 사항과 부하직원의 자질, 지향하는 것들을 고려해 육성해 나가는 것도 부서장의 중요한 업무입니다. 'C는 결재 관련 업무 기술은 충분하니 다음은 업무 플로(flow)를 익히게 하자', 'D는 시스템과 업무에 능숙하니 외부에서 프로젝트 매니지먼트 연수를 받게 하고 1년 후에는 프로젝트 매니저로 키우자'라는 식으로 말입니다.

사내에 프로젝트 업무가 늘어날수록 프로젝트에 도움이 되는 인적자원을 얼마나 어떻게 제공할 수 있는가에 따라 부서장의 평가가 달라진다는 점을 꼭 기억해야 합니다.

제6장

리스크를 최소화하고
이익을 최대화하는
손정의 성공 비결

프로젝트 성격의 업무가 꾸준히 늘어나는 한편 일상 업무와는 명백하게 다른 특별한 프로젝트도 엄연히 존재합니다. 대표적인 것이 신규 사업 프로젝트입니다. AI와 블록체인이라는 테크놀로지의 발달과 기존 사업만으로는 글로벌 경쟁에서 살아남을 수 없다는 위기감까지 더해져 신규 사업을 목표로 하는 프로젝트를 적극적으로 시작하는 기업이 많아지고 있습니다.

저는 손정의 사장 곁에서 다수의 기업이 새로운 사업을 시작하는 과정을 지켜봤습니다. 또한 프로젝트 매니저로서 신규 사업에 여러 번 참여하기도 했습니다.

손정의 사장이 어떻게 신규 사업을 시작하는지 그 노하우를 고스란히 배울 수 있었던 것은 그야말로 행운이었습니다.

그 경험 덕분에 저도 창업을 했습니다. 교육 사업을 중심으로 몇 개의 사업을 시작했고, 현재 영어회화 학습 프로그램 사업인 토라이즈에 온 힘을 쏟고 있습니다.

덧붙여 복수의 벤처기업에서 어드바이저로 일하며 손정의 사장에게 배운 노하우를 경영자들에게 전하고 있습니다. 그 결과 창업에서 상장까지 일련의 사업을 단기간에 마친 기업을 다수 배출했습니다.

이번 장에서는 궁극의 프로젝트 매니저 업무 기술이라 할 수 있는 신규 사업 프로젝트를 예로 들어 성공 비법을 소개하겠습니다.

● 소프트뱅크와 다른 기업의 결정적 차이

손정의 사장을 '리스크를 두려워하지 않는 승부사', '미래를 읽는 천재'라고 부릅니다. 하지만 가까이에서 본 모습은 조금 다릅니다.

물론 리스크를 감수하며 많은 승부에 도전한 것은 사실이고, 미래를 내다보는 능력도 평범한 사람과는 비교할 수 없을 만큼 뛰어납니다. 하지만 손정의 사장이 리스크를 두려워하지 않는 것은 아닙니다. 오히려 남보다 몇 배 더 리스크에 신경 씁니다.

천재적인 경영 감각을 지닌 손정의 사장도 여러 번 예측이 빗나간 적이 있습니다. 그렇기 때문에 미래를 완벽하게 예측할 수 없다는 전제하에 세상을 바라보고 있습니다.

현대는 불확실성이 높은 시대입니다. 변화는 극심하고 미래도 불투명해서 어느 것 하나 계획대로 이루어지지 않습니다.

예측할 수 없는 미래를 앞두고 어떻게 해야 기업이 살아남아 비즈니스와 사업을 확장할 것인가? 이러한 과제에 대한 인식이 손정의 사장과 다른 대기업 경영자의 결정적인 차이이고, 나아가 조직의 성장 속도에서 극명한 차이를 보인 것입니다.

소프트뱅크와 다른 기업의 가장 본질적인 차이는 목표를 달성하기까지 프로세스에 있습니다.

대부분의 기업은 '계획 → 실행 → 검증 → 개선'의 순서대로 목표를 향해 나아갑니다. 하지만 소프트뱅크는 완전히 다른 순서로 진행됩니다. '많은 실행 → 수치화 → 이론화 → 계획'입니다.

소프트뱅크는 맨 먼저 '실행'을 합니다. 그것도 한 번에 대량으로 실행하는 것이 특징입니다. 불확실성의 시대이니만큼 실제로 해보지 않으면 무엇이 성공할지 알 수 없기 때문입니다. 따라서 실패를 전제로 가능한 방법과 수단을 적극적으로 실행해 봅니다.

실행 결과를 숫자로 측정해서 '수치화'하면 그 데이터를 검증해서 '이론화'하고 최적의 해답을 찾아내서 '계획'을 세운 뒤 다시 실행합니다. 그리고 이 프로세스를 초고속으로 반복하는 것이 소프트뱅크의 방식입니다.

작은 실험을 초고속으로 반복하면 무엇이 성공하고 무엇이 실패할지 금방 알게 됩니다. 성공하지 않더라도 상관없습니다. 실패 역시 귀중한 데이터가 되기 때문입니다.

일단 결과를 바탕으로 다시 계획을 세워 실행하면 이전보다 좋은 결과가 나올 가능성이 높아집니다. 이런 프로세스를 통해 목표 지점을 향해 나아가면 계획이 성공할 확률은 점점 높아지면서 초단기 초고속으로 목표를 달성할 수 있습니다.

한편 많은 기업들은 실패가 두려워 오로지 계획만 세울 뿐 좀처럼 실행에 옮기지 않습니다. 게다가 실패를 전제로 하지 않기 때문에 결국 무난한 계획밖에 세우지 않습니다. 그 결과 전혀 새롭지 않은 고만고만한 계획들뿐이고 전례없는 신규 사업은 엄두를 내지 못합니다.

고도성장기처럼 외적 환경이 안정된 시대라면 방향 전환이나 궤도 수정 없이 하나의 계획을 끝까지 지속할 수 있습니다. 하지만 현기증이 날 만큼 환경이 급변하는 지금은 계획대로 되지 않을 것을 처음부터 인지하고 계획을 능동적으로 수정해 가면서 목표를 향해 나아가는 자세가 필요합니다.

재빠르게 대처할 수 있는 유연성을 갖고 있어야 지속적인 성장도 가능합니다. 소프트뱅크의 유연성이야말로 지금의 시대에 더욱 필요한 비결입니다.

● **전손 리스크는 절대 취하지 말 것!**

실제로 해보지 않으면 정답이 무엇인지 알 수 없는 것이 지금의 현실입니다. 그렇다고 뭐든지 다 해봐야 할까요? 아닙니다. 최악의 사태만은 피해야 합니다. 아무리 실패를 전제로 한다고 하지만 파산해 버리면 다시 일어서기가 정말 힘들기 때문입니다.

전체적 손실, 즉 전손(全損) 리스크는 절대 취하지 말아야 합니다. 이것은 손정의 사장이 지키고 있는 인생의 철칙이기도 합니다.

지금까지 무수한 IT 벤처기업이 탄생했지만 오래 지속되지 못하고 시장에서 사라졌습니다. 한때는 창업자가 IT계의 선도자라고 불릴 만큼 대성공을 거두었는데도 어느새 돌아보면 회사가 파산하거나 통째로 합병되는 경우가 적지 않았습니다.

그중 왜 소프트뱅크만 계속 승리하고 살아남을까요? 손정의 사장의 뛰어난 리스크 관리 능력 덕분입니다. 그는 손에 들고 있는 전 재산을 거는 한판 승부를 절대 하지 않습니다. 이기면 큰돈을 따지만 지면 모든 것을 잃는 도박은 절대 하지 않습니다.

물론 적극적으로 승부를 겨루기는 하지만, 한 번의 찬스에 크게 거는 것이 아니라 당첨이 들어 있을 것 같은 상자에서 될 수 있으면 싸게 많이 뽑아 리스크를 분산하는 방법을 취하는 것입니다.

그가 지금 시대의 젊은이라면 수중에 있는 얼마 되지 않는 돈을 모두 비트코인에 투자했을까요?

이미 비트코인은 폭락하고 있지만, 예전에 그 가치가 우상향할 때 그가 어떻게 했는지를 생각해 보면 쉽게 유추할 수 있습니다. 적어도 손 안에 있는 돈을 전부 쏟아붓지는 않았을 테니 말입니다. 어떤 형태로든 돈을 벌 수 있는 수단을 될 수 있으면 많이 찾아서 비록 적은 수익을 내더라도 분산투자를 했을 것입니다.

비트코인은 복권과 비슷해서 성공 확률이 극히 낮다는 것을 알면서도 일단 된다면 인생이 확 바뀔 정도로 많이 번다는 생각에 너도 나도 매달렸습니다. 하지만 냉정하게 생각하면 거기에 가진 돈 전부를 건다는 것은 전손 리스크를 짊어지는 것과 똑같습니다.

기업 경영이든 인생이든 무엇보다 가장 중요한 것은 죽지 않는 것입니다. 그런 위험이 도사리고 있는 리스크는 절대 취해서는 안 됩니다. 어찌 보면 당연한 전제를 손정의 사장은 항상 지키고 있습니다.

● **사업도 분산투자가 중요하다**

특히 창업할 때는 리스크를 얼마만큼 최소화하는가가 중요합니다. 소프트뱅크가 소프트웨어 유통 사업부터 시작했던 것도 리스크가 낮은 비즈니스였기 때문입니다. 큰돈을 들여 소프트웨어를 개발하지 않고 타사에서 만든 제품을 매입해 재판매하는 방법이라면 최소한의 투자만으로도 착실하게 현금을 벌 수 있습니다.

소프트웨어 유통은 이른바 도매업이기 때문에 마진이 그리 크지 않습니다. 그런데도 손정의 사장은 회사 경영의 토대를 단단히 다지기 위해 크게 벌지는 못하지만 착실하게 모을 수 있는 비즈니스부터 시작한 것입니다. 리스크에 기꺼이 뛰어드는 경영자로 알려진 그가 사실은 누구보다 신중하게 리스크를 관리했던 것입니다.

중대한 리스크가 해소되지 않고 아직 남아 있다면 그는 한층 더 신중하게 행동합니다.

소프트뱅크가 오릭스, 도쿄해상화재보험과 함께 일본채권신용은행(지금의 아오조라은행) 매수를 진행하던 당시입니다. 해당 건은 국회에서 논의될 만큼 큰 주목을 끌었는데 매수계약서에 '하자담보책임 조항'이 포함되어 있었기 때문입니다. 간단히 설명하면 '일본채권신용은행에 불량 채권이 있을 경우 국가(예금보험기구)가 매수한다'는 내용입니다.

주식을 양도받는 소프트뱅크가 채권을 하나하나 조사하지 못한 채 은행을 통째로 사들이는 것이기 때문에 이런 조항을 붙이는 것은 당연한 일이었습니다. 하지만 하자담보책임 조항의 내용을 이해하기가 쉽지 않았기 때문에 사람들은 소프트뱅크에 특혜를 주는 것이라며 불만을 터뜨렸고 급기야 국회에서 논의되는 사태까지 이른 것입니다.

이런 상황을 보고 손정의 사장은 주식 양도 완료일을 예정보다 한 달 뒤로 연기하는 결단을 내렸습니다. 그리고 한 달 동안 여러 텔레비전 프로그램에 출연해서 하자담보책임 조항에 대해 알기 쉽게 설명했습니다. 그 결과 사람들이 비로소 이해할 수 있었고 비록 예정보다 한 달 늦긴 했지만 무사히 주식 양도가 끝났습니다.

다른 경영자였다면 주식 양도를 연기한다는 큰 결단을 내리지 못했을 것입니다. 일단 보류되면 애초의 예정일에 맞춰서 움직이던 각

종 이해관계자들에게 왜 계획을 변경하느냐는 불만을 살 수밖에 없고, 시한이 연장된 만큼 매스컴에 비판적인 뉴스가 보도되는 횟수도 늘어날 뿐이니 말입니다.

보통 사람이라면 이런 상황이 고통스러운 나머지 하루라도 빨리 주식 양도를 끝내 버리려 했겠지만 손정의 사장은 그러지 않았습니다. 손정의 사장에게는 중대한 리스크를 안은 채 최종 의사 결정을 해서는 안 된다는 확고한 의지가 있었기 때문입니다.

하자담보책임 조항 없이 매수했다가 불량 채권이 드러나면 수백억 엔 아니 수천억 엔에 달하는 거대한 부채를 소프트뱅크가 고스란히 떠안을 수밖에 없습니다. 손정의 사장은 전손 리스크는 절대 취하지 않는다는 자신의 철칙을 관철했습니다.

● **일부러 결단을 늦춰야 할 때도 있다**

손정의 하면 속전속결의 이미지도 있지만, 일부러 결단을 보류하는 선택도 합니다.

'결정한다'는 것은 이외의 다른 선택지는 버린다는 말과 같습니다. 신속하게 결정해 버리면 본인은 홀가분할지 모르지만 옵션을 잃어 손해를 볼 가능성도 있습니다.

한편 마지막 타이밍까지 옵션을 쥐고 있으면 몇 가지 선택지 중에서 상황에 맞는 최고의 결단을 내릴 수 있습니다. 예를 들어 제휴사 후보가 3개라면 손정의 사장은 언제나 3개사와 모두 교섭하라고 지시합니다.

일찌감치 한 회사를 정하면 현장 사람들이 교섭하는 데 투입되는 시간과 수고가 3분의 1로 줄어듭니다. 프레젠테이션 자료도 3개 회사 분량만큼 만들 필요도 없습니다. 하지만 손정의 사장은 그런 비용을 지불하더라도 실제로 교섭해 보고 최선이라는 확신이 들 때까지 선택하지 않습니다.

리스크를 최소화할 수 있을 때까지는 비용이 들더라도 옵션을 손에 쥐고 더 가치 있는 것을 취한다는 뜻입니다. 손정의 사장이 얼마나 리스크를 면밀하게 계산하고 행동하는지 잘 알 수 있습니다.

● **대승부에도 확실한 리스크 컨트롤이 있다**

2006년에 소프트뱅크가 보다폰 재팬(Vodafone Japan)을 매수해서 휴대전화 사업에 뛰어들었을 때도 그 이면에는 확실한 리스크 관리가 있었습니다.

당시 이 일은 일본 기업의 M&A 매수액으로는 사상 최고인 1조 7500억 엔(약 10조 원)이라는 사실만으로도 큰 화제를 모았습니다. 매수를 위해 거액을 빌려도 괜찮은가 하는 우려의 목소리도 있었지만 손정의 사장은 매수와 동시에 대출 리스크를 본사에서 떼어낼 계획을 일찌감치 세워두었습니다. 매수한 사업을 증권화한 것입니다. 증권화란 회사가 갖고 있는 자산을 증권으로 바꿔서 자금을 조달하는 방법입니다.

보다폰 재팬을 매수해서 만들어진 소프트뱅크모바일(지금의 소프트뱅크 주식회사)은 증권화를 통해 금융기관에 매각되어 그 시점에서 이미 1조 7500억 엔의 차입을 변제했습니다.

비록 한정적이긴 했지만 이 회사의 소유자는 금융기관이었습니다. 그러나 회사명은 소프트뱅크모바일 그대로 사용할 수 있었고, 경영권도 손정의 사장이 갖고 있었습니다. 소프트뱅크 본사와 연결 결산도 가능했으므로 외부에서 보면 아무것도 변한 것이 없었습니다.

그래도 속을 들여다보면 대출 리스크는 이미 본사에서 떨어져나갔기 때문에 소프트뱅크모바일의 경영이 악화되더라도 소프트뱅크 본사까지 도산될 리스크는 전혀 없었습니다.

게다가 소프트뱅크 그룹에는 모회사가 자회사의 채무보증은 하지 않는다는 리스크 관리 규정이 있습니다. 소프트뱅크는 창업 이래 새로운 사업체를 많이 만들어왔는데 그중 단기간에 실패해 접은 것도 꽤 있습니다. 그래도 본사에 영향을 미치지 않았던 까닭은 손정의 사장이 하나하나 리스크를 분리했기 때문입니다.

이러한 경영 자세를 보면 손정의 사장이 얼마나 리스크 관리에 철저했는지 알 수 있습니다.

앞으로 계속한다 해도 잘될 것 같지 않다고 판단됐을 때 손절매가 재빠른 것도 손정의 사장의 특징입니다.

1996년 메모리 제조사인 미국 킹스톤 테크놀로지를 매수했지만 실패로 끝났을 때는 3년 만에 이 회사의 창업자에게 재빨리 매각했습니다. 최종적으로는 많은 액수의 적자를 냈지만 손정의다운 민첩한 손절매를 엿볼 수 있었습니다.

같은 해 오스트레일리아의 미디어 왕이라 불리는 루퍼트 머독과 함께 현재의 텔레비전아사히홀딩스 주식을 꽤 많이 사들였는데 세간의 반발 때문에 모회사인 아사히신문그룹에 주식을 돌려줬습니다. 이처럼 일단 잡긴 했지만 알고 보니 그 앞에 거대한 리스크가 있다고 판단되면 금세 잘라내는 것이 손정의 사장의 방식입니다.

투자의 세계에서도 손절매는 매우 어려운 판단입니다. 주식을 샀을 때보다 주가가 10퍼센트 떨어지면 판다는 자신만의 규칙을 실행할 수 있는 사람은 드뭅니다. 대부분 혹시라도 반등할지 모르니 조금 더 기다려보자며 버팁니다. 하지만 주가는 계속 떨어지고 손실은 점점 커질 뿐입니다.

그런 면에서 손정의 사장의 손절매는 그야말로 예술의 경지입니다. 그 깔끔함의 뒷면에는 역시 전손 리스크를 피한다는 행동 지침이 있습니다. 손실을 조금 입더라도 회사가 무너지는 것보다는 낫기 때문에 아직 치명상을 입지 않았을 때 결단을 내리는 내공이 바로 경영자로서 손정의 사장의 강점입니다.

그런 손정의 사장도 막대한 전손 리스크를 입은 적이 딱 한 번 있었습니다. 2001년 ADSL 사업에 참가했을 때였습니다.

창업 후 급성장을 지속했던 소프트뱅크는 2000년의 시가총액이 무려 약 20조 엔에 달해 일본의 시가총액 랭킹에서 토요타자동차에 이어 2위가 되었습니다. 그런데 그 직후에 일어난 IT 버블 붕괴로 하루아침에 주가가 약 100분의 1로 곤두박질쳤습니다. 창업 이후 최대의 위기에 직면하게 된 것입니다.

회사가 살아남으려면 거대한 리스크를 안고라도 돈을 벌기 위해 밖으로 나설 수밖에 없다고 판단한 손정의 사장은 배수의 진을 친다는 각오로 ADSL 사업에 참가했던 것입니다. 자금을 준비하기 위해 아오조라은행과 미국 야후의 주식을 비롯해 팔릴 만한 것은 모두 팔았습니다. 그렇게 해서 만든 현금을 전부 ADSL 사업에 쏟아부었습니다.

손정의 사장이 그만한 리스크를 감수한 경우는 이전에도 없었고 이후에도 없었습니다. 오직 그때뿐입니다. 한 가지 부연하자면 그때만큼은 그렇게 할 수밖에 없었고 가만히 있었다면 오히려 회사가 무너질 위험이 컸기 때문에 무모한 도박을 한 것이 아니라는 사실입니다. 이렇게 생각하면 전손 리스크는 취하지 않는다는 철칙은 어기지 않았다고 할 수 있습니다.

벤처 사업을 시작하고 싶다며 찾아오는 젊은이들이 꽤 많습니다. 그럴 때 도움이 되길 바라며 "객식구부터 시작하세요"라고 조언합니다. 개인 사무실을 빌릴 것이 아니라 아는 사람의 회사 한편에 책상을 놓고 시작하라는 뜻입니다. 그렇게 권하는 이유는 고정비를 최소한으로 줄일 수 있기 때문입니다.

사업을 시작하자마자 곧바로 현금이 들어오지 않습니다. 제품이나 서비스를 개발하고 시장에서 팔릴 때까지는 수중의 자금이 고스란히 필요경비로 빠져나갈 뿐입니다. 그중 가장 큰 지출이 사무실 임대료와 광열비 같은 고정비용입니다. 멋모르고 임대료까지 높은 사무실을 덜컥 마련했다가는 눈 깜짝할 사이에 창업 자금은 밑바닥을 드러낼 것입니다.

그러나 아는 회사 한편을 얻는다면 고정비가 들지 않습니다. 고정비가 없으면 수입이 들어오지 않더라도 일단은 회사가 무너지지 않고 유지됩니다. 귀중한 사업 자금이 고정비로 빠져나가지 않으니 새로운 사업 개발에 박차를 가할 수 있습니다. 고정비를 낮추는 것이 최대의 리스크 관리입니다.

회사가 어느 정도 커진 다음에는 고정비를 낮추는 것이 손정의 사장의 방침입니다.

저도 그 가르침대로 실행했습니다. 무엇보다 우리 회사는 비싼 사무실이 필요 없습니다. 현재 토라이즈 본사는 여러 직종이 밀집된

오래되고 낡은 건물에 있는 반면, 수강자들이 공부하는 개별 센터는 편리하고 쾌적한 건물에 마련했습니다.

기업 내에서 신규 사업에 착수할 때도 고정비용을 낮춰야 합니다. 일부러 전용 오피스나 공간을 장만할 것이 아니라 우선 어느 부서의 한 칸을 빌리는 등 공짜로 쓸 수 있는 자원을 활용하는 것이 가장 좋습니다.

처음부터 넉넉한 예산이 배정되는 프로젝트는 없습니다. 초기 비용은 가능한 낮추는 것이 모든 사업의 기본임을 기억해야 합니다.

● **비용을 극적으로 낮추는 4가지 방법**

손정의 사장은 4가지 특유의 비용 절감 방법을 가지고 있습니다.

첫 번째는 반드시 공모 경쟁을 통해 결정하는 것입니다. 무언가를 발주하거나 구입할 때는 복수의 업체에 견적서를 받아 철저히 비교해서 결정합니다.

"비교 견적이라면 우리 회사도 이미 하고 있습니다"라고 말하는 사람도 많을 것입니다. 하지만 손정의 사장의 공모 경쟁은 평범한 것이 아닙니다. 심지어 가격 비교를 전문으로 하는 '디코프'라는 회사를 만들기도 했습니다. 소프트뱅크에 근무할 때는 그야말로 디코프를 통하지 않은 것은 절대 구입하지 않는다고 할 정도였습니다.(오늘날 '디코프'는 외부 판매도 하며 소프트뱅크그룹 이외 기업의 공모 경쟁도 운영하고 있습니다.) 공모 경쟁 전문 회사를 통해 비교 견적의 요점과 맹점을 조언받을 수 있습니다.

예를 들어 남의 사무실 한쪽에서 지내던 시절이 끝나고 드디어 내 사무실을 차리려면 여러 곳을 보러 다닐 것입니다. 그럴 때 대개는 놓치지만 의외로 중요한 사항이 시간 외 냉난방비입니다. 시간 외 냉난방이 몇 시부터 시작되고 시간당 추가 비용이 얼마인지는 빌딩에 따라 천차만별입니다. 제대로 확인하지 않고 시간 외 냉난방비가 높은 사무실을 빌리면 연간으로 따졌을 때 상당한 지출이 발생합니다. 이 밖에도 세세한 부대 조건이 많이 붙어 있어서 나중에 생각지도 못한 비용을 지출하는 경우도 많습니다.

이 모든 것들은 사무실을 몇 번 빌려본 사람이라면 당연히 알고 있습니다. 공모 경쟁 전문 회사에 의뢰하기가 쉽지 않다면 주변을 찾아봅니다. 그 분야에 밝은 경험자가 있게 마련이니 반드시 그 사람에게 놓치기 쉬운 포인트를 물어봅니다.

아무리 해도 그런 사람을 찾을 수 없다면 '오피스 임대료 교섭 요령'을 검색해 보면 참고가 될 만한 좋은 정보를 얻을 수 있습니다.

두 번째는 경쟁 환경을 꾸준히 유지하는 것입니다. 맨 처음 공모 경쟁을 할 때는 아주 꼼꼼하게 비교하지만, 외주 회사가 결정되면 그 다음부터는 타성에 젖어 계속 그 회사에 발주하는 회사가 많습니다.

그 회사가 언제나 최고의 사양을 제공하면 문제될 것이 없지만 대부분 그렇지 않습니다. 특히 독점적인 위치에 있으면 아무래도 느슨해지고 방심하게 마련입니다. 맨 처음에는 우수한 사람을 파견해 줬는데 점차 그런 인재는 다른 회사로 가버리고 우리 회사로 파견된 사람은 조금 부족한 사람들뿐이었다는 이야기가 나오는 이유도 상당 부분 여기에 있습니다. 따라서 이런 상황을 피하기 위해 항상 경쟁 환경을 유지해야 합니다. 1년에 1회 정도 재계약 검토 시기를 정해 둔다거나 하여 경각심을 갖도록 합니다.

세 번째는 스스로 관리·평가표를 만들고 직접 수치를 체크하는 것입니다.

어떤 제품을 수주한 회사가 '효과가 검증'되었다며 숫자가 가득한 서류를 보여주는 경우가 있을 것입니다. 그런데 그 숫자들은 대개 그들에게 유리한 것들입니다. 지나치게 한쪽으로 치우쳤다고 말할 수는 없지만 우리 회사가 알고 싶은 것을 모두 담아내지 못합니다. 물론 우리가 부분적으로 외주하는 것이니 어찌 보면 당연합니다.

상대의 업무 태도를 제대로 관리·평가하려면 그들이 들고 오는 숫자가 아니라 우리가 자체적으로 만든 지표에 따라 체크해야 합니다. 체크까지 외부에 통째로 넘기고 좋은지 나쁜지도 모른 채 지불하는 행태는 소프트뱅크에서 절대 허용되지 않았습니다.

마지막으로 정보의 비대칭성을 지속적으로 줄여나가는 것입니다.

언제나 회사 밖과 안의 정보 차이는 있게 마련입니다. 예를 들어 우리 회사의 외주를 맡던 A사가 기적적으로 낮은 가격의 동종 서비스를 개발했습니다. 과연 A사는 그 사실을 공개할까요? 절대 그렇지 않습니다. 그들의 이익이 줄어들기 때문입니다.

그렇다면 우리 회사는 어떻게 해야 할까요? 좀 더 좋은 프로그램이나 테크놀로지가 있는지 직접 찾아볼 수밖에 없습니다. 동시에 외주 회사가 꺼내기 주저하는 정보도 어떻게든 알아내 정보의 차이를 지속적으로 줄여나가야 합니다.

●   **사업 자금은 투자를 받아라**

"아르바이트로 500만 엔을 모으면 창업할 생각입니다"라고 말하는 사람들이 많습니다. 저는 아르바이트를 할 시간이 있으면 지금 당장 구체적인 사업 계획을 세우고 지체 없이 시작하라고 말합니다.

돈을 모으는 동안 자신과 같은 아이디어를 가진 사람이 먼저 사업을 시작할 수 있기 때문입니다. 아니면 아르바이트를 하는 동안 세상이 급변해서 생각하고 있던 사업 아이디어가 쓸모없게 되는 경우도 많습니다. 그러므로 창업을 하고 싶다면 일단 빨리 시작해야 합니다.

이렇게 이야기하면 의심스러운 표정으로 "수중에 자금이 없는데 어떻게 합니까?"라고 말합니다. 지금은 흥미로운 비즈니스 아이디어 또는 사업 계획에 돈이 모여들게 마련입니다.

최근에는 아이디어나 계획 단계에서 출자를 결정하는 벤처캐피털이 증가하고 있습니다. 젊은 기업가에게 개인적으로 투자하는 엔

젤 투자가도 늘었습니다.

사업을 시작하는 사람이 무담보·무보증으로 융자를 받을 수 있는 공적제도도 있습니다. 즉, 매력적인 사업 계획만 있으면 얼마든지 돈을 빌릴 수 있습니다. 반대로 사업 계획을 설명해도 돈이 모이지 않는다면 비즈니스 아이디어와 계획이 미흡한 것입니다.

손정의 사장은 자신에게 돈이 없으면 지혜로 돈을 모았습니다. 그는 자신의 돈으로 사업을 시작한 것이 아닙니다. 소프트뱅크의 창업 자금인 1억 엔은 그가 발명한 휴대형 자동번역기를 샤프에 팔고 받은 계약금이었습니다. 시제품은 만들었지만 실제로는 거의 아이디어만 판 것과 같습니다. 게다가 시제품을 만든 것도 UC 버클리의 연구자들입니다. 물론 독특한 콘셉트로 연구자들을 설득한 것은 손정의 사장이었습니다.

소프트뱅크의 비즈니스가 확대된 결정적인 계기도 자동적으로 전화회선을 바꾸는 NCC-BOX라는 기계를 웹사이트 제작 기업과 공동으로 개발한 것입니다. 그 기계를 전국의 중소기업에 무료로 배포하는 동시에 신덴덴(新電電, NTT그룹에 맞서는 통신회사)의 로열티로 큰 이익을 올렸습니다.

그런데 여기에 반전이 있습니다. 손정의 사장은 개발 당시 아이디어를 냈을 뿐 자사의 인프라나 인력으로 전국에 배포한 것은 웹사이트 기업이었습니다. 그야말로 적은 리스크로 큰 이익을 얻은 것입니다.

2017년에는 사우디아라비아의 국부펀드와 공동으로 10조 엔 규모의 거대 펀드를 설립했는데, 이것도 소프트뱅크가 전액 출자한 것

사업 자금을 모을 때까지 미루면 아무것도 하지 못한다

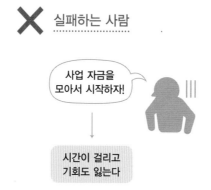

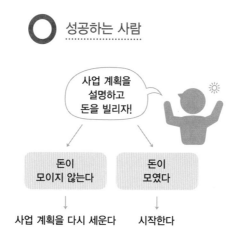

이 아닙니다. 사우디아라비아와 아랍에미리트연방의 아부다비 국부 펀드, 미국 애플과 반도체 설계 기업인 퀄컴, 타이완의 홍하이 정밀 공업 등이 각각 거액을 출자했습니다.

내 돈을 쓰지 않고도 사업을 할 수 있다는 생각은 20대에 소프트 뱅크를 창업했던 시절부터 변하지 않은 것입니다.

●   **여름에 모피를 파는 상점의 리스크 관리**

장사 역시 일반 기업의 비즈니스와 다를 바 없습니다. 지혜만 있으면 큰돈 들이지 않고 얼마든지 사업을 확대할 수 있습니다.

도쿄의 지유가오카에는 '모피공방 이시이'라는 가게가 있습니다. 여름에 가끔 이 거리를 지나갈 때마다 나란히 걸려 있는 모피 상품을 보곤 했는데, 유달리 덥게 느껴지던 어느 날 우연히 가격표를 봤습니다. 그런데 시세보다 엄청 싼 것입니다. 너무나 궁금한 나머지 주인에게 "이 가격으로 팔면 남기는 하나요?"라고 물었습니다. 그랬더니 주인장은 다음과 같은 얘기를 했습니다.

"지금 하고 있는 것은 일반 판매가 아니라 일종의 '선주문'이라는 것입니다. 매장에 진열된 상품은 샘플이고 고객이 원하는 옷이 있으면 일단 정가의 절반을 지불하고 예약하면 겨울에 모피옷을 받는 시스템입니다."

선불로 받은 옷값은 절반이지만 현금이 들어오기 때문에 그걸로 재료를 매입하면 자금 흐름의 리스크를 최소화할 수 있습니다. 게다가 '예약이 많은 상품은 올해 잘 팔릴 상품'이라는 뜻이므로 확실히 팔릴 만한 것으로 범위를 좁혀 발주를 낼 수 있습니다. 트렌드를 잘못 읽었다가 대량의 재고 리스크를 떠안을 걱정도 없습니다.

이렇게 해서 만든 인기 상품은 겨울 성수기에 선주문보다 3배 더 높은 가격표를 붙여도 팔리므로 확실히 돈을 번다는 것입니다.

주인의 이야기를 듣고 이것이야말로 리스크 관리라고 감탄했습니다. 적은 비용으로 시도해 보고 그 결과를 바탕으로 성공 확률이 가장 높은 쪽에 한정된 돈을 투자하는 방식은 소프트뱅크의 목표 달성 프로세스와 완벽히 일치했습니다. 또한 리스크를 최소화하면서 이익을 최대화하는 훌륭한 방식이었습니다.

이처럼 작은 회사라도 지혜를 쓰면 큰돈을 들이지 않고도 큰 성공으로 이어지는 방법을 반드시 찾아낼 수 있습니다. 지금 같은 시대에 돈이 없어서 비즈니스를 할 수 없다는 말은 그저 변명일 뿐입니다.

●   **사업 아이디어를 스스로 생각할 필요 없다**

'아이디어를 발휘하라고 하지만 내가 어떻게 손정의처럼 뛰어날 수

있겠어……'

지금 이렇게 생각하고 있지는 않습니까? 사업 아이디어는 스스로 생각하지 않아도 됩니다. 어딘가에서 성공하고 있는 모델을 가져오기만 하면 됩니다. 손정의 사장도 타인의 지혜를 빌려 아이디어를 만들었습니다.

소프트뱅크를 창업하기 전에 손정의 사장은 미국 유학 중에 소프트웨어 개발회사를 세웠습니다. 일본에서 크게 유행하던 인베이더 게임기(Space Invaders, 아케이드 게임)를 미국으로 수입 판매하는 것이었습니다. 이미 일본에서는 한풀 꺾인 게임이었기 때문에 기계를 싸게 살 수 있었습니다. 말 그대로 일본에서 대성공했던 비즈니스 모델을 미국으로 가지고 갔을 뿐입니다.

어느 한 시장에서 성공했던 모델이라면 다른 시장에서 성공할 확률도 높습니다. 그러면 적어도 제로(0)부터 시작해야 하는 사업에 승부를 거는 것보다 리스크가 훨씬 낮습니다.

세상 사람들은 소프트뱅크를 두고 타임머신 경영을 한다고 합니다. 야후든 아이폰이든 해외에서 성공하고 있는 최첨단 비즈니스를 시간 차로 일본에 들여와 성공시킨 손정의 사장의 능력을 보았기 때문입니다. 그런 의미에서 인베이더 게임기 수입 판매는 타임머신 경영의 시작점이며, 지금도 손정의 사장은 어딘가에서 성공하고 있는 모델을 도입하고 있습니다.

1990년대에는 시가총액이 3천억 엔 이상인 미국의 IT 기업과 조인트벤처(2인 이상의 공동사업체)를 설립했습니다. 이때도 역시 이미 실적을 올리고 있는 회사를 인수하면 제로(0)에서 시작하는 것보다 빠르고 성공 확률도 높다고 생각했습니다.

천재 경영자로 불리는 손정의 사장도 타인의 지혜를 적극적으로 빌리고 있습니다. 비즈니스와 사업을 시작한다면 이미 성공한 모델을 최대한 활용해야 합니다.

● **반드시 위로 올라가는 에스컬레이터에 탄다**

손정의 사장 역시 미래를 완벽하게 예측하기는 불가능하다고 생각합니다. 그렇기 때문에 앞날을 예측할 때 판단 근거가 되는 정보를 최대한 많이 확보합니다.

이 세상에는 모든 정보가 모이는 지점이 반드시 존재합니다. 자신이 그러한 정보의 허브 지점에 설 수 있다면 저절로 흘러 들어오는 정보를 모두 장악할 수 있습니다.

1995년에 손정의 사장이 세계 최대 규모의 컴퓨터 하드웨어 및 소프트웨어 관련 제품 전시회를 운영하는 컴덱스를 매수한 것도 정보의 허브를 확보하기 위해서였습니다. 당시의 연 매출이 2천억 엔에도 미치지 못했던 소프트뱅크가 당시 환율로 800억 엔짜리 매수를 하자 세상은 연신 무모한 사업 확장이라고 입방아를 찧었습니다.

그런데 해마다 열리는 컴덱스에는 해외 각지에서 내로라하는 IT

관계자들이 모입니다. 인맥이 넓어지면 업계의 정보가 들어오게 마련입니다. 실제로 마이크로소프트의 빌 게이츠를 비롯해 미국 IT 업계의 거물들과 교류할 수 있게 된 것은 컴덱스 매수 덕분이었습니다.

최근에는 반도체 설계 분야에서 유명한 ARM(영국에 본사를 둔 반도체 설계 회사)을 약 3조 3천억 엔에 매수해 화제가 되었는데, 이 역시 최대의 목적은 정보를 확보하는 것입니다.

반도체 제조사는 언제나 2년 앞을 내다보고 제품을 개발합니다. 게다가 앞으로는 연간 15퍼센트씩 성장하리라 예측되는 IoT 분야의 모든 제품에 반도체 칩이 들어갈 것입니다. 즉, 반도체 제조사는 2년 앞의 미래상을 알고 있는 셈입니다. 따라서 반도체 설계에서 세계 2위인 ARM을 매수하면 미래를 예측하기 위한 모든 정보가 손정의 사장에게 들어옵니다. 비즈니스와 사업을 성장시키는 데 이것만큼 우월한 포지션이 또 있을까요? 그런 관점에서 3조 3천억 엔은 손정의 사장에게 결코 비싼 금액이 아니었습니다.

손정의 사장이 정보의 허브에 신경 쓰는 까닭은 상향 에스컬레이터에 타지 않으면 성장할 수 없음을 알고 있기 때문입니다. 상향 에스컬레이터를 타면 가만히 서 있기만 해도 위로 올라갈 수 있습니다.

업계 전체가 확대되고 있을 때 거기에 속한 회사나 개인은 당연히 크게 성장합니다. 반대로 업계 전체가 축소되고 있다면 거기에 속한 회사나 개인은 성장할 수 없습니다. 하향 에스컬레이터를 거꾸로 올라가는 행동이 얼마나 위험하고 힘든지 상상해 보면 쉽게 이해할 수 있을 것입니다.

사업을 키우려면 정보의 허브를 확보하고, 어느 것이 상향 에스컬레이터인지를 올바르게 판별하는 것이 중요합니다.

●   누가 이기고 지든 상관없이 자신은 이득인 비즈니스

상향 에스컬레이터를 탔다고 해서 거기에 있는 모든 사람이 승리하는 것은 아닙니다. 물론 하향 에스컬레이터에 타는 것보다 성공 확률은 높지만 그것만으로는 지속적으로 이길 수 없습니다. 누가 승자가 되든 상관없이 나는 이길 수 있는 조직을 만들어야 합니다. 구체적으로 말하면 비즈니스 플랫폼 제작을 추구하는 것입니다.

대표적인 기업이 바로 애플입니다. 애플은 독자 개발한 iOS를 기반으로 음악과 영화를 전송하는 아이튠즈와 애플리케이션을 제공하는 앱스토어 등의 플랫폼을 구축하고 있습니다.

애플이 개발한 것은 어디까지나 콘텐츠와 애플리케이션을 제공하는 장소입니다. 각각의 콘텐츠와 애플리케이션을 제작하는 것은 외부 기업 또는 개인일 뿐 애플이 아닙니다.

세상의 모든 애플리케이션이 성공하지 않습니다. 성공하는 것이 있는가 하면 실패하는 것도 있습니다. 그러나 애플의 비즈니스는 개별 애플리케이션의 성패에 전혀 영향을 받지 않습니다. 그 장소를 사용하는 사람들이 존재하는 한 애플은 플랫폼 제공자로서 지속적으로 수익을 올릴 수 있습니다. 플랫폼을 만든 사람이 반드시 돈을 버는 구조입니다.

손정의 사장이 게임 사업에 투자하지 않는 이유도 여기에 있습니다. "왜 게임 제작 회사를 만들지 않습니까?"라고 물었더니 이런 대답을 했습니다.

"게임은 성공과 실패의 차이가 너무 큽니다. 1년 아니면 2년이 걸려서 만들어도 팔리지 않는 것은 좀처럼 팔리지 않습니다. 그런 부침이 있는 것에는 손대지 않고, 일단 시작하면 계속 이길 수 있는 플랫폼 비즈니스만 하기로 했습니다."

소프트뱅크는 항상 플랫폼 비즈니스만 했습니다. 소프트웨어 유통업으로 시작한 이유입니다. 도매상이 되면 개별 소프트웨어 제품이 팔리든 안 팔리든 관계없이 돈을 벌기 때문입니다.

휴대전화 사업과 ADSL 사업에 참가한 것도 마찬가지입니다. 인프라 제공자가 되면 스마트폰이나 개인 PC의 유저가 어느 애플리케이션과 콘텐츠를 쓰든 상관없이 소프트뱅크는 매출을 올릴 수 있습니다. 어느 스마트폰 게임이 히트를 치든 실패를 하든, 플랫폼 제공자인 소프트뱅크의 비즈니스에는 어떤 영향도 미치지 않습니다.

리스크 관리의 관점에서 말하면 이것은 분산투자를 하는 것과 같습니다.

주식투자에서는 "달걀은 한 바구니에 담지 말라"는 격언이 있습니다. 하나의 바구니에 달걀을 담아버리면 떨어뜨렸을 때 전부 깨져버리는 리스크가 생깁니다. 하지만 여러 개의 바구니에 나눠 담으면 바구니 하나를 떨어뜨려도 다른 바구니에 담긴 달걀은 무사합니다.

게임 회사는 개발한 게임 제품 각각에 대한 실패 리스크를 100퍼센트 짊어져야 합니다. 하지만 플랫폼 제공자가 취급하는 제품의 수가 10만, 100만으로 늘어나면 큰 수의 법칙(시행 횟수를 늘릴수록 그 일이 실제로 일어날 확률이 이론 값에 가까워진다는 법칙)에 따라 실패는 일정 비율에서 멈춥니다.

주사위에서 1이 나오면 이기는 게임을 한다고 했을 때, 주사위를 한 번이나 두 번밖에 던지지 못하면 전패로 끝나므로 승률은 제로(0)가 됩니다. 하지만 백만 번을 던지면 승률은 6분의 1에 가까워집니다. 이렇듯 게임 회사를 하지 않는 것은 손정의 사장에게 전손 리스크를 회피하는 방법 중 하나였던 것입니다.

현실에서 플랫폼 비즈니스를 시작하기가 쉬운 일은 아니지만 일반 회사에서 신규 사업을 시작한다면 분산투자의 개념은 반드시 적용해야 할 것입니다.

●   **룰렛의 모든 숫자에 베팅한다**

분산투자의 이론을 카지노에 비유하면 손정의 사장의 방식은 '룰렛의 모든 숫자에 베팅한다'에 해당합니다.

룰렛의 모든 숫자에 칩을 걸면 반드시 맞는 것이 있게 마련이므로 전손 리스크는 발생하지 않습니다. 하지만 실제로 그렇게 하는 사람은 없습니다. 칩의 개수가 많을수록 카지노에서 가져가는 돈(자릿세)도 많아지기 때문입니다. 베팅해서 돈을 따도 대부분을 카지노에서 가져갑니다.

그런데 비즈니스에는 카지노와 결정적으로 다른 부분이 있습니다. 바로 '상향 에스컬레이터'에 있는 영역에 전부를 걸면 시장의 성장률만큼 이익이 돌아온다는 점입니다. 예를 들어 IoT 분야는 2021년까지 연평균 15퍼센트씩 성장할 것이라고 하는데, IoT와 관련된 모든 비즈니스에 돈을 걸면 큰 수의 법칙에 따라 해마다 15퍼센트씩 벌 수 있습니다.

손정의 사장이 반도체 설계 분야에서 세계 최대 기업인 ARM을 매수한 것은 정보의 허브를 확보하기 위해서라고 말했습니다. 구체적으로 IoT 분야에서 돈을 벌 가능성이 조금이라도 있는 사업과 회사가 어디인지 알아내기 위해서입니다. 확실한 정보를 가진 다음 가능한 많은 출자와 제휴를 진행해 룰렛의 모든 숫자에 베팅하려는 것입니다.

손정의 사장은 IoT 분야뿐 아니라 인공지능과 로봇 관련 기업 1천 개 회사에 투자하겠다고 발표했는데 예상 총 투자액은 100조 엔이라고 합니다.

이처럼 상향 에스컬레이터를 타고 있는 성장 분야에 모두 베팅하는 것이 손정의 사장에게 배운 이기는 패턴입니다.

이런 전략은 제가 소프트뱅크에 근무하던 시절부터 바뀌지 않고 있습니다. 1990년대에도 손정의 사장은 미국에서 시가총액 3천억 엔 이상의 IT 기업 모두와 조인트벤처를 만들라는 지시를 내렸습니다.

소프트뱅크는 아마존이 일본에 진출하기 전에 조인트벤처 설립을 제의했습니다. 저도 손정의 사장의 미국 출장에 동행해 교섭 테이블에 참석했습니다. 그는 남들보다 빨리 이 회사의 성장 가능성을 알아봤고, 아마존 CEO 제프 베조스를 열심히 설득했지만 상대도 만만한 사람이 아니었기에 안타깝게도 실현되지 못했습니다.

손정의 사장이 미래를 예측할 수 없다는 것을 전제로 행동하는 까닭은 그 자신도 많은 실패를 경험했기 때문입니다. 소프트뱅크의 비즈니스와 성공률을 따져보면 초대형 히트라고 할 만한 것은 1천 번에 세 번 정도일 것입니다.

비즈니스 세계의 평균 성공률이 그 정도입니다. 손정의 사장도 그런 현실을 알고 있기에 될 수 있으면 많은 선택지에 베팅했던 것입니다.

손정의 사장은 "나도 뭐가 맞을지 알 수 없으니 앞에 있는 모든 곳에 돈을 걸겠습니다. 나머지는 각각의 회사가 자율적으로 사업을 진행해 주십시오. 어느 회사가 이기든 지든 저는 상관하지 않겠습니다"라는 입장입니다. 그는 경영자이면서 동시에 투자가의 냉철한 시야를 갖고 언제나 리스크 분산을 최우선으로 여기고 있습니다.

카지노에서 모든 숫자에 칩을 걸면 반드시 하나는 당첨되겠지만 자기가 쥐고 있는 자금이 무한한 것도 아닙니다.

각각의 비용을 될 수 있으면 낮추는 것도 리스크 관리입니다. 손정의 사장이 조인트벤처 설립을 하는 것도 비용을 낮추기 위해서입니다. 복수의 회사가 자본금을 모아서 회사를 만드는 것이므로 어떻게 교섭하느냐에 따라 내 쪽의 출자 비율을 낮출 수 있습니다.

실제로 소프트뱅크그룹에는 소프트뱅크 출자 비율이 20~30퍼센트밖에 안 되는 회사들도 많습니다. 한 회사에 대한 출자액이 낮을수록 더 많은 회사에 출자할 수 있기 때문입니다.

그런데 일본의 대기업은 이와 반대로 움직이고 있습니다. 이들은 출자할 때 51퍼센트라도 좋으니 과반수의 주식을 갖고 싶어 합니다. 자사의 출자 비율이 높을수록 대주주가 되어 출자사의 경영을 일일이 간섭할 수 있기 때문입니다. 그중에는 경영을 지배하는 사례도 적지 않습니다.

하지만 손정의 사장의 방침은 정반대입니다. 앞에서도 말했듯이 자본은 투자하지만 각자 독립된 사업체로 경영해 달라는 것이 그의 기본 입장입니다.

출자 회사를 지배하기 위해 무리하게 출자 비율을 올리려고 하지 않습니다. 손정의 사장은 다양성을 중시하기 때문입니다. 그룹 내 회사들이 그의 말대로 움직인다면 다양성은 금세 사라집니다.

각각의 방침과 문화가 조금씩 다르기 때문에 결과적으로 비즈니스 세계에서 성패가 갈리는데, 모든 회사가 단일 방식으로 경영하면 모든 비즈니스에서 실패로 끝날 가능성이 높아질 뿐입니다. 그렇게 되면 아무리 출자 회사를 다양화한들 리스크는 분산되지 않습니다.

사람들은 손정의 사장이 '무엇이든 내가 하라는 대로 해'라고 하는 유아독존형 리더라고 생각하지만 실제로는 전혀 그렇지 않습니다.

손정의 사장은 소프트뱅크그룹이 지속적으로 성장하는 데 지배욕과 명예욕은 방해가 될 뿐이라고 생각합니다.

●   **'페인 레벨 0'을 가장 먼저 의식할 것**

저는 어드바이저 자격으로 대기업의 신규 사업 계획을 살펴보거나 사업을 희망하는 젊은이들의 비즈니스 아이디어를 들어보곤 합니다. 그때마다 대부분 '이 사업은 실패하겠구나'라는 생각이 듭니다.

그런 사업 계획에는 공통점이 있는데 바로 '페인 레벨'이 너무 낮다는 점입니다.

페인(pain)은 직역하면 '고통'인데, 비즈니스에서는 고객 또는 유저가 리스크와 비용을 아까워하지 않고 얼마나 그 제품이나 서비스를 갖고 싶어 하는가를 나타낸 지수입니다.

예를 들어 충치가 생겨 밤새 한숨도 못 자고 다음 날 1초도 참을 수 없을 만큼 고통이 심해서 치과에 달려갔습니다. "치료비는 얼마가 들어도 좋으니 제발 이 고통을 빨리 없애주십시오!"라고 의사에게 말할 것입니다.

이것을 '페인 레벨 10'이라고 정의하겠습니다. 즉, 돈은 얼마가 들어도 좋으니 이 제품이나 서비스를 반드시 사고 싶은 것입니다.

한편 신규 사업 계획을 만든 사람에게 같은 설명을 하고 "당신의 계획은 페인 레벨로 환산하면 어느 정도라고 생각합니까?"라고 질문하면 대부분 "페인 레벨 3 정도 될까요?"라고 대답합니다.

'페인 레벨 3'은 돈이나 시간에 여유가 있으면 서비스를 사겠지만 딱히 없어도 전혀 불편하지 않은 수준입니다. 유감이지만 이 정도로는 신규 사업에 성공하지 못합니다.

최근에는 사회문제를 해결하는 목적으로 창업하는 사람이 늘고 있는데, 이것도 깃발만 올리고 흐지부지되는 경우가 많습니다. 문제를 해결하고자 하는 방향성은 잘못되지 않았으나 '잘 들어맞아서 돈도 벌면 좋겠어요' 하는 정도로는 비즈니스를 지속하기 어렵습니다.

● **딱 한 명의 고객을 만들고 시작한다**

특히 신규 사업은 꾸준히 사용할 첫 고객을 만들 수 있는가에 따라 승패가 갈립니다. 어떤 실적이나 인지도가 없는 시점에서 이건 꼭 사겠다고 하는 첫 고객이 있으면 그 뒤에는 틀림없이 많은 잠재고객이 있게 마련입니다. 그러므로 신규 사업 계획을 세울 때는 '페인 레벨 10' 상태에 있는 사람을 대상으로 하는 것이 가장 확실합니다.

토라이즈 사업을 할 수 있었던 것도 '페인 레벨 10'인 한 사람을 만난 덕분입니다.

영어 학습 체험을 엮은 《직장인 생존 영어, 1년 만에 끝낼 수 있다》를 출판했을 당시, 어느 대기업의 부장이 이 책을 들고 저를 찾아왔습니다.

"저는 영어를 전혀 할 줄 모르는데도 해외 관련 일을 했습니다. 그런데 점점 그쪽 업무가 늘어나고 있습니다. 상사도 부하도 거래처 사람들도 모두 영어를 잘하고요. 이대로 있다가는 회사에서 잘릴지도 모릅니다. 제발 이 책에 적혀 있는 대로 영어를 가르쳐주십시오!"

스스로 찾아올 만큼 영어가 절박한 사람이야말로 '페인 레벨 10'입니다. 이 사람은 수업료가 얼마이든 전혀 신경 쓰지 않았습니다.

이것을 계기로 태어난 것이 '1년 만에 영어로 말할 수 있다'는 콘셉트를 내건 토라이즈의 영어 학습 서포트 프로그램입니다.

첫 고객인 그 부장에게 민감한 개인적 고민과 앞으로 해야 할 과제를 들은 덕분에 '페인 레벨 10'의 사람들이 무엇을 원하는지 파악했고, 그에 대응할 수 있는 사업 계획을 세울 수 있었습니다. 사업을 시작하고 보니 그 부장처럼 영어 때문에 힘들어하던 사람들이 하나둘 찾아왔습니다. 토라이즈가 단기간에 사업을 확대할 수 있었던 것은 '페인 레벨 10'의 그 한 명 덕분이었습니다.

사업 계획은 머릿속으로만 생각하지 말자

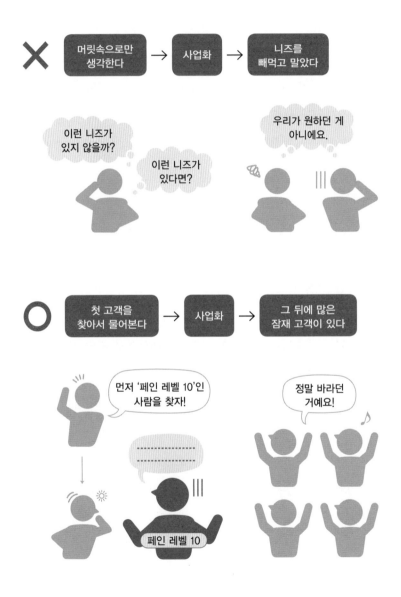

이처럼 자신의 머릿속으로 사업 계획을 세울 것이 아니라 첫 고객이 될 수 있는 사람을 찾아 인터뷰하고 의견을 묻는 것이 가장 좋은 방법입니다.

저는 맨 처음 e-러닝 사업을 시작했는데, 그때도 가장 먼저 고객이 될 만한 사람의 의견을 들었습니다. 인터넷 카페를 통해 소프트웨어를 도매로 파는 회사의 사장님을 알게 되었습니다. 그분에게 인터넷 카페에서 e-러닝 소프트웨어를 사용해 교육 사업을 펼치는 아이디어가 어떨지 의견을 물어보았습니다.

그러자 "그렇지 않아도 우리 카페에서 교육 분야의 제품도 팔릴 것 같다고 생각하고 있었습니다. 어때요? 함께 해봅시다"라고 말했습니다. 쇠뿔도 단김에 빼랬다고, 공동출자로 회사를 설립해 사업을 시작했습니다.

니즈가 있으니 제품이 팔릴 것은 알고 있었고, 그 사장님의 회사 유통망과 판매 채널을 이용하면 되니 결과적으로 저의 리스크는 거의 제로(0)였습니다.

비즈니스맨이 신규 사업에 착수할 때도 회사에 사업 계획을 제출하기 전에 먼저 고객이 될 만한 사람을 찾아서 그의 니즈가 무엇인지 알아봅니다.

책상에 앉아 데이터나 과거의 숫자만 쳐다본들 '페인 레벨 10'인 사람이 스스로 찾아오지 않습니다. 자신의 사업 플랜을 페인 레벨로 환산해 봤자 어느 정도인지 알 수 없습니다. 머릿속에 있는 아이디어를 페인 레벨이 높은 사업 계획으로 구체화하려면 시장과 유저를 잘 아는 사람에게 물어봐야 합니다.

● 대기업을 상대로 하는 비즈니스는 주의한다

한 가지 더 짚고 넘어가야 할 것은 대기업에 납품하는 것을 전제로 하는 사업 계획입니다.

특히 창업한 지 얼마 되지 않아 벤처나 회사 안에 꾸려진 작은 신설 팀이 첫 사업으로 대기업 법인의 비즈니스에 뛰어드는 것은 위험합니다. 대기업의 논리에 휘말려 엄청난 손해를 입을 가능성이 높기 때문입니다.

우수한 기술을 가진 벤처기업이 대기업으로 영업을 하러 갔는데 "계약이 가능한지 물어볼 테니 그동안 우리 직원한테 기술에 대해 설명해 주지 않겠습니까?"라는 부탁을 받는 경우가 종종 있습니다. 물론 강연료 없이 무료입니다.

벤처기업은 '거래로 이어진다면 얼마든지 할 수 있지' 하며 이 제안을 받아들이지만, 몇 번이나 강연을 해도 계약은 맺어지지 않습니다. 게다가 대기업에 들어갈 때마다 '이 부분에 대해 좀 더 자세히 알고 싶다'거나 '이런 트러블이 일어나면 어떻게 해야 하는가' 등을 물어봅니다.

그렇게 해서 계약이 되면 좋으련만 아무런 성과 없이 시간만 흐

룹니다. 당연히 벤처기업으로는 현금이 1엔도 들어오지 않으니 수중의 자금은 점점 줄어듭니다.

더욱 최악인 것은 벤처기업이 제안했던 것과 똑같은 기술로 대기업이 서비스를 개발하는 것입니다. 벤처기업은 지식만 빼앗기고 실제 비즈니스에서 막대한 손해를 보는 사태가 비일비재합니다. 대기업을 상대하다 보면 불리한 조건인 줄 알면서도 벤처기업은 손해를 볼 수밖에 없습니다.

우리 회사도 대기업에 법인 대상 연수 프로그램을 영업한 적이 있는데 거래가 성사될지 어떨지 결정하는 데 몇 달이 걸렸습니다. 겨우 거래가 성사됐다고 기뻐했더니 대금 결제를 몇 달, 심지어 1년 뒤에 하겠다고 했습니다.

대금 결제가 늦어도 우리 회사의 직원들은 서비스를 제공하기 때문에 인건비는 계속 나갑니다. 그러니 회사의 자금 흐름에 문제가 발생할 수밖에 없습니다. 이제 막 시작한 회사로서는 그야말로 엄청난 리스크입니다.

따라서 될 수 있으면 첫 사업은 일반 소비자를 대상으로 하는 것이 좋습니다. 기본 계획은 법인 대상일지라도 B to C도 동시에 펼칠 수 있는지 고려해 봅니다.

우리 회사가 대기업을 대상으로 영업을 하게 된 것도 최근의 일입니다. 일단 개인 고객을 대상으로 한 영어 학습 사업으로 실적을 내서 경영이 탄탄해지고 여유가 생긴 다음에 B to B 사업도 펼칠 수 있었습니다. 처음부터 법인 대상으로 한정했다면 지금과 같은 흑자를 내기 어려웠을 것입니다.

　신생 소기업이 대기업을 대상으로 수익을 내려면 커다란 리스크가 동반될 수밖에 없습니다.

● **고객 획득 비용을 고려한다**

한편 대기업의 신규 사업 계획에도 실패 패턴이 있는데, 고객 획득 비용이 반영되어 있지 않다는 점입니다. 어떤 사업 내용이든 고객을 획득하려면 돈이 듭니다. 신규 앱이나 웹 서비스를 출시하는 데도 1인당 수백 엔부터 1천 엔의 비용이 들어갑니다.

　그런데 대기업에서 비즈니스를 하는 사람들은 한 사람의 고객을 확보하는 데 비용이 얼마나 드는지 생각하지 않습니다. 대기업은 운용할 수 있는 자원의 규모가 크기 때문에 개별 비용을 고려하지 않은 사업 계획이 많습니다.

　하지만 해당 비즈니스가 성장할 수 있는지는 고객 확보 비용에 달렸다고 해도 과언이 아닙니다. 광고비나 계약 특전, 판매 대리점에게 주는 리베이트 등에 돈을 쓸수록 비즈니스는 급격히 확대됩니다.

　정보에 민감하거나 얼리어댑터(early adopter, 남들보다 신제품을 빨리 받아들이는 소비자군)가 아닌 평범한 일반 소비자에게까지 폭넓게 제품이나 서비스가 퍼지고 그들이 장기간 유저로 남으려면 고객 확보 비용은 더욱 중요합니다.

앞으로는 라이프 타임 밸류(LTV, 고객 생애 가치)를 얼마나 높일 수 있는가 또한 비즈니스의 성패를 가르는 요소가 될 것입니다. 인구 감소로 절대적인 소비자 수가 줄어들기 때문에 상품이나 서비스를 한 번 구입하고 끝나는 것이 아니라 한 명의 고객에게 지속적으로 구매를 끌어내야 합니다.

그렇다면 고객 확보 비용도 장기적인 관점에서 생각할 필요가 있습니다. 광고 선전비와 판촉 캠페인 비용을 각 애플리케이션 매출의 15퍼센트로 상한선을 정하는 것이 아니라 어떻게 하면 고객의 라이프 타임 밸류를 최대치로 끌어올릴 수 있을지 구체적으로 생각해야 합니다.

예를 들어 매달 사용 요금이 3천 엔인 서비스가 2가지 있습니다. 하나는 유저가 평균 2년간 서비스를 계속 이용했기 때문에 고객 한 사람에 대한 LTV는 7만 2천 엔입니다. 다른 하나는 평균 한 달 정도밖에 이용하지 않았기 때문에 LTV는 3천 엔입니다. 둘 사이의 LTV는 4배 차이가 나므로 양쪽에 동일한 고객 확보 비용을 쓰는 것은 적절하지 않습니다. 선전비든 판촉비든 전자보다 후자에 더 많은 비용을 들이는 것이 효과적입니다.

신규 사업은 아직 실적이 없기 때문에 LTV를 예측할 수 없다고 생각할지 모릅니다. 하지만 동종 업계 사례나 데이터 등을 활용하면 애플리케이션을 출시했을 때 유저가 얼마나 오래 요금을 지불하며 이용할지 짐작할 수 있습니다.

LTV를 최대화하기 위한 비즈니스 모델로 최근 들어 관심을 모으고 있는 것이 정기구독 서비스 모델(서브스크립션 모델)입니다. 유저가 일정 기간 동안 요금을 지불하는 방식으로 '월정액'이나 '연회원제' 형태입니다. 최근에는 거의 모든 분야의 비즈니스에서 정기구독 서비스가 도입되고 있습니다.

외식 산업도 그중 하나입니다. 지금까지 외식 산업은 커피 한 잔에 얼마, 라면 한 그릇에 얼마, 하는 식으로 한 번 팔고 끝나는 비즈니스였습니다. 하지만 지금은 라면 가게도 '월 8600엔을 내면 좋아하는 라면을 하루에 한 그릇씩 한 달 동안 이용 가능'과 같은 월정액 서비스를 내놓았습니다. 월정액만 내면 무제한으로 커피나 주류를 제공하는 카페와 주점도 있습니다. 한 명의 고객이 장기적으로 이용하기 때문에 LTV를 높이면서 고객 확보 비용도 낮출 수 있습니다.

한 번 팔고 끝나는 비즈니스라면 고객 한 사람이 이용할 때마다 매번 고객 확보 비용이 듭니다. 그러나 정기구독 서비스 모델이라면 계속 이용할 것이므로 두 번째 또는 세 번째 이용부터는 고객 확보 비용이 들지 않습니다. 따라서 장기적으로 비즈니스를 성장시키는 데 큰 장점이 될 것입니다.

신규 사업 계획을 만드는 시점부터 고객 확보 비용을 신경 쓰면 비용 면에서 장점이 큰 비즈니스 모델을 창출할 수 있습니다.

물론 손정의 사장도 창업 당시부터 라이프 타임 밸류(LTV)를 추구했습니다. 손정의 사장이 입버릇처럼 하는 말이 바로 '소의 침 같은 비즈니스가 가장 좋다'는 것입니다. 회사를 성장시키고 싶다면 소의 침처럼 가늘고 길게 돈을 벌 수 있는 장사를 해야 한다는 뜻입니다.

휴대전화 사업에 참가했던 것도 LTV를 높일 수 있는 영역이라고 판단했기 때문입니다. 휴대전화는 한 달 정액 요금으로 고객과 계약하기 때문에 한 번 팔고 끝나는 것이 아닙니다. 대부분 적어도 2년 동안 계약을 유지합니다. 나아가 4년, 6년 동안 사용하는 유저도 많습니다.

지금은 휴대전화와 스마트폰이 생활필수품입니다. 가계 지출에서 통신비가 차지하는 비중도 지속적으로 늘어나, 2016년 세대 소비 지출에서 차지하는 평균 금액은 9만 6306엔이었습니다. 13년 전인 2003년의 평균 금액은 5만 9264엔이었으니 1.6배 증가한 셈입니다.

소비에서 차지하는 통신비의 비중이 점점 높아지고 있으니 그야말로 휴대전화 사업은 손정의 사장이 말했던 것처럼 '소의 침 같은 비즈니스'입니다.

휴대전화 사업이라 해도 단말기를 판매하는 대리점은 LTV가 생기지 않습니다. 다시 말해 휴대폰 단말기 매장은 매번 신규 고객에게 새로운 단말기를 팔아야 합니다. 단말기 제조사가 사라지면 팔

물건이 없어지는 것이니 매출이 한순간에 제로(0)로 떨어질 수 있습니다.

그러나 소프트뱅크는 통신사이므로 어떤 단말기가 팔리든 상관없습니다. 통신 서비스를 이용하는 사람이 존재하는 한 수익은 지속적으로 나옵니다. 이것이 바로 플랫폼 제공자의 강점입니다.

한 번뿐인 비즈니스는 하지 않는다는 철칙을 지켜왔기 때문에 소프트뱅크는 크게 성장할 수 있었습니다.

● **궁극적으로는 '바다'가 되어야 한다**

LTV가 높은 사업을 골라서 참가하고 다른 회사를 압도하며 급성장했다면 그다음에는 무엇을 지향해야 할까요?

손정의 사장의 경우 그것은 '바다'입니다. 경쟁이 없는 잔잔한 바다 같은 상태를 만드는 것입니다.

그는 자신의 경영철학을 '손의 제곱병법'으로 정리한 적이 있습니다. 이것은 손자병법 중 풍림화산(風林火山)에 독자적인 견해를 더해 정리한 것입니다.

풍림화산은 바람처럼 재빠르게 공격하고, 숲처럼 고요하게 행동하며, 공격할 때는 불처럼 격렬하게 싸우고, 일단 수비에 들어가면 산처럼 움직이지 않는다는 뜻입니다. '손의 제곱병법'은 5단계로 '바다'를 더했습니다.

다른 회사와 경쟁해서 승리하고 확고한 지위를 구축한 다음에는 경쟁이 완만한 시장에서 여유롭게 비즈니스를 할 수 있다는 뜻입니다.

휴대전화 통신 분야도 현재는 도코모, au, 소프트뱅크 3사가 이미 시장을 차지하고 있습니다. 라쿠텐이 제4통신사로 참가할 예정이지만 후발 주자인 만큼 고전을 면치 못할 것입니다.

2013년에 소프트뱅크는 통신사업 회사 이액세스(eAccess)를 매수했습니다. 이액세스 산하에 있던 이모바일이 그 후 와이모바일이 되어 소프트뱅크 사업의 중추를 담당하고 있습니다.

소프트뱅크가 이액세스를 매수할 당시 라쿠텐에서 매수 제안이 들어왔다고 합니다. 휴대전화 통신 분야에서 지금과 같은 3사 체제가 확립되기 전이었으므로 그때 라쿠텐이 모바일 사업에 참여했다면 아마 4사 체제가 되었을지도 모릅니다.

그러나 이 업계는 이미 '바다' 상태입니다. 일찍부터 휴대전화 사업에서 승자가 되어 적이 없는 조용한 바다를 손에 넣은 손정의 사장은 이미 IoT와 로봇 영역으로 싸움판을 옮기고 있습니다. 아마 앞으로도 다양한 영역에서 싸우지 않아도 이길 수 있는 압도적 승자가 되리라 생각합니다.

미래를 이끌어 나가는 기술

● **퍼스트 펭귄이 되어라**

기업이나 강연 등에서 이 책에 소개한 프로젝트 매니지먼트 기술을 소개하면 언제나 이런 말이 되돌아옵니다.

"우리 회사에는 프로젝트 매니저를 하고 싶어 하는 사람이 없습니다."

그 사람에게 능력과 의욕이 없기 때문이 아닙니다. 프로젝트 매니저의 업무가 그리 매력적이지 않기 때문입니다. 권한은 없고 책임은 져야 하는 일을 하고 싶은 사람은 없을 것입니다. 지금 시대에 기업이나 조직의 성장을 위해 필요한 것은 퍼스트 펭귄입니다.

퍼스트 펭귄이란 천적이 있을지도 모르는 위험한 바다를 향해 맨 먼저 뛰어드는 펭귄을 말합니다. 설령 리스크가 있더라도 바다에 들어가지 않으면 먹이를 잡을 수 없으니 무리 중에 누군가는 맨 처음에 뛰어들어야 합니다. 비즈니스 세계에서도 리스크를 두려워하지 않고 선봉에 서서 새로운 도전을 하는 용감한 사람을 퍼스트 펭귄이라고 부릅니다.

그런데 퍼스트 펭귄은 대개 천적인 범고래에게 잡아먹히고 맙니다. 비즈니스 현장으로 말하자면 신규 사업은 대부분 실패로 끝난다는 것입니다.

그러나 용기를 낸 퍼스트 펭귄을 소중하게 여겨야 하는데도 많은 기업들이 전혀 그렇지 않습니다. 퍼스트 펭귄의 실패가 확실하다 싶으면 주변 사람들은 서둘러 도망칩니다. 맨 처음 바다에 뛰어든 사람은 아무런 보람을 느낄 수 없습니다.

반대로 운 좋게 퍼스트 펭귄이 성공하면 그제야 너도나도 모여듭니다. '이 사업 아이디어는 내가 낸 거야'라며 공적을 가로채려는 사람들도 있습니다.

저는 대학을 졸업하자마자 부동산 개발사 미츠비시지쇼(三菱地所)에 입사해 당시 한산했던 마루노우치 거리를 브랜드화하기 위한 마루노우치 활성화 프로젝트(마루노우치 카페)를 CEO 앞에서 프레젠테이션하고 실행했습니다. 당시 회사 내에는 "이렇게 저렴한 아이디어라니……, 역사와 전통이 있는 부동산 회사에 어울리지 않아"라는 말들이 많았습니다.

그런데 프로젝트가 성공하자 마루노우치 활성화 프로젝트는 미츠비시지쇼의 기업 전략이 되었습니다. 10년 후 마루노우치는 명실상부한 21세기 비즈니스 거리로 부활했습니다. 그리고 해외 MBA

과정에 있는 학생들이 견학하러 올 정도로 성공 프로젝트의 대명사가 되었습니다.

그러나 첫 직장이던 미츠비시지쇼의 발전에 큰 역할을 했다는 데 엄청난 자부심이 들면서도 프로젝트 매니저는 손해 보는 역할이라는 것을 통감했습니다.

● 리스크를 최소화하는 법

모든 사람들이 프로젝트 매니저를 기피하고 새로운 가치를 창조하는 프로젝트를 하지 않는다면 궁극적으로 기업과 경제는 위축됩니다.

이런 사태를 막을 수 있는 방법은 딱 한 가지, 퍼스트 펭귄이 손해를 보지 않게 해야 합니다. 아니면 사장이나 임원 스스로 퍼스트 펭귄이 되는 것입니다.

목마른 사람이 우물을 판다고 하듯이 소프트뱅크에서는 언제나 손정의 사장이 중심이 되어 프로젝트가 시작되었습니다. 프로젝트 매니저 혼자 책임지지 않았습니다. 그런 의미에서 손정의 사장 밑에서 프로젝트 매니저를 한 것은 정말 운이 좋았습니다.

프로젝트 최종결정권자를 명확히 정하고 차터를 교환하면 프로젝트가 실패하더라도 최종결정권자가 책임을 진다는 계약이 성립됩니다. 이렇게 해야 프로젝트 매니저 혼자 진흙을 뒤집어쓰고 최종결정권자는 책임을 회피하는 사태를 막을 수 있습니다.

요즘은 서구식 성과주의가 도입되어 해당 연도나 2분기마다 엄격하게 개인 업무 실적을 평가합니다. 이런 비즈니스 환경에서는 모두 실패를 두려워하고 위축됩니다.

부하직원이 1분기 매출 목표를 달성하지 못했다는 것만으로도 자신까지 잘못될까 봐 불안해합니다. 이런 환경에서는 개인이든 팀이든 자신감을 갖고 새롭게 도전할 수 없습니다.

이러한 조직의 분위기는 쉽사리 바뀌지 않습니다. 그렇다고 회사의 성장이 멈추고 퇴보하는 것을 가만히 보고 있어야 할까요? 아니면 회사를 뛰쳐나와 독립하거나 창업해야 할까요?

둘 다 아닙니다. 새로운 제3의 길이 있습니다. 프로젝트 매니저 스스로 리스크를 최소화하면서 새로운 것에 작게나마 도전하는 방법입니다.

● 작은 것부터 도전한다

제3의 길을 선택하려면 준비가 필요합니다.

프로젝트 매니저가 자신의 리스크를 가능한 낮추려면 회사 밖에서 자신의 현금흐름을 늘려야 합니다. 부업이 인정된다면 겸업을 해도 좋고 투자를 해도 좋을 것입니다. 영어를 배우거나 자격시험을 취득하여 자신의 상품 가치를 높여서 언제라도 이직할 수 있는 역량을 갖춰야 합니다.

지금보다 적은 수입으로 행복하게 살아갈 수 있는 방법을 찾는 것도 나쁘지 않습니다. 도쿄와 같은 대도시에서는 돈이 없으면 불편하지만 지방으로 이주하면 주거비도 낮고 아이들을 키우는 환경도 훨씬 좋습니다.

어느 쪽을 선택하든 '지금 다니는 회사에서 실패해도 괜찮다. 다른 길이 있다'고 생각해야 합니다.

이렇게 개인의 리스크를 최소화하면서 지금 다니는 회사에서 작게 시도해 보는 것입니다. 자신의 권한 내에서 할 수 있는 일을 얼마든지 발견할 수 있습니다. 큰 예산을 받으면 그만큼 리스크를 짊어지게 되므로 우선 큰 투자를 하지 않고도 할 수 있는 것들을 찾아봅니다.

사업 계획을 세우기 전에 고객을 인터뷰하고 첫 고객이 될 만한 사람을 찾아낸 다음 작게 도전해 의미 있는 결과를 내는 것입니다. 가능성 있는 것이라면 최대한 많이 해봅니다

좋은 아이디어가 떠오르지 않을 때는 '아이디어 곱셈법'을 추천합니다. 아이디어의 씨앗이 될 만한 키워드를 종이에 적은 다음 나란히 늘어놓기도 하고 붙여보기도 하면서 조합해 보는 발상법입니다.

손정의 사장이 발명했던 휴대형 자동번역기도 '휴대 가능', '자동화', '번역'이라는 기존의 키워드를 조합해서 탄생했습니다. 하나하나의 아이디어는 이미 존재하더라도 2~3개를 더하면 새로운 아이디어가 됩니다.

잘될 것 같다는 생각이 조금이라도 드는 아이디어가 있으면 실행에 옮깁니다.

● 볏짚으로 부자가 되는 법

리스크를 최소화해서 작게 시작해 보라고 하면 "우리 같은 대기업에서 작은 신규 사업을 해봤자 별 의미가 없다"고 말하는 사람도 있습니다.

대기업에 신규 사업을 제안하면 1천억 엔 이상을 노릴 수 있는 사업이 아니면 의미 없다고 거절하는 경우가 많습니다. 그러면서 리스크는 떠맡기 싫다고 아우성이니 앞뒤가 맞지 않습니다.

물론 리스크를 최소화하는 노력은 해야 합니다. 그러나 리스크를 두려워하면 이익을 얻을 수도 없습니다. 리스크 없이 이익을 얻을 수 있는 사업은 결단코 없습니다.

일정 규모 이상의 신규 사업이 아니면 인정하지 않는 회사에서 작게나마 도전하는 것 자체가 쉽지 않겠지만 지혜를 모으면 돌파할 구멍은 생깁니다.

예를 들어 시범 사업 규모는 작지만 성공하면 그 실적을 근거로 대규모 사업으로 확장한다는 제안이 받아들여지는 경우입니다. 저는 이런 방식에 '볏짚 전략'이라는 이름을 붙였습니다. 가난한 사람이 한 가닥의 지푸라기를 밑천 삼아 다른 물건과 차례차례 교환하다가 마침내 부자가 된다는 옛이야기가 있습니다.

손정의 사장은 이런 전략으로 제로베이스에서 10조 엔짜리 기업을 이루어냈습니다. ADSL 사업에 뛰어들어 가입자 500만 명을 확보해 실적을 낸 다음 일본텔레콤을 매수했습니다. 통신 사업의 노하우와 우수한 인재, 고객의 신뢰를 확보한 브랜드를 손에 넣은 다음에는 금융기관으로부터 거액을 조달해 보다폰 매수에도 성공했습니다. 지금은 그토록 염원하던 휴대전화 사업 영역에서 한 축을 담당하고 있습니다. 통신 사업자로 어떠한 실적도 신뢰도 없던 소프트뱅크였다면 절대 이룰 수 없었을 엄청난 성공입니다.

이렇게 작은 도전에서 시작해 몇 배, 몇십 배 사업으로 연결되는 방법도 있습니다.

●　　　　　　　　　　　　　　　　　**예상치 못한 블루오션**

미국의 실리콘밸리처럼 창업이 활발한 곳으로 가지 않는 한 장래성 있는 신규 사업을 할 수 없을까요? 실제로 미국에서 성공할 수 있는 비즈니스는 한 손에 꼽을 정도밖에 되지 않습니다. 창업을 꿈꾸며 전 세계에서 모여든 사람들이 세계 최고 수준의 경쟁을 펼치는 곳에서는 더더욱 살아남기 어렵습니다.

미국의 메이저리그로 진출했지만 자국 리그만큼 실력을 보여주지 못하는 것도 경쟁 수준에 역력한 차이가 있기 때문입니다. 반대로 미국 메이저리그에서 활약했던 선수가 다른 나라의 리그로 옮기면 틀림없이 좋은 성적을 냅니다.

이것을 비즈니스에 적용하면 다음과 같습니다.

'미국에서 성공한 비즈니스 모델을 도입하면 반드시 이긴다.'

손정의 사장도 미국에서 대성공을 거둔 야후와 아이폰을 일본 시장에 들여와 큰 성공을 거뒀습니다. 미국의 성공 모델을 잘 활용하면 성공할 확률이 훨씬 높습니다.

신규 사업을 시작하거나 창업하는 사람이 많지 않은 기업 환경에서는 남들이 비즈니스 모델을 따라 할 우려도 적습니다. 이 책에서 소개한 프로젝트 매니지먼트 업무 기술을 익혀서 진행하면 반드시 목표를 달성할 수 있습니다.

관점과 발상을 바꾸면 매일 하던 업무도 긍정적으로 바꿀 수 있습니다. 밝은 앞날을 향해 발전해 나가는 데 프로젝트 매니지먼트 업무 기술이 확실한 도움이 될 것입니다.